SEのための
小売・サービス向け
IoTの知識と技術

この一冊で儲かるシステムを提案できる

安野元人 著

日刊工業新聞社

はじめに

　IoT（モノのインターネット）やAI（人工知能）をはじめとする
テクノロジーの発達には目覚しいものがある。IoTは、さまざまな
センサーから多様なデータを収集し、それを分析することで事業の
成長や効率化に活かせる。また、AIはIoTから収集される膨大な
データ（ビッグデータ）を一瞬にして解析し、ビジネスに有益な情
報を提供してくれる。

　これらのテクノロジーを活かし、特に製造業ではIoTで収集した
データをAIで解析し、工場内のさまざまな機械を最適に自動制御
できるようになっている。また、そうしたIoTやAIを活用した先
進的な工場は「スマートファクトリー」と称せられる。それはドイ
ツ政府が提唱した「インダストリー4.0」という概念から発せられ
ているが、日本でも「ソサエティ5.0」「コネクテッドインダスト
リーズ」など、IoT、AI、ビッグデータを活用した産業・社会の進
展が提唱されている。

　それを先導するような形で日本の製造業では、IoTやAIを活用
して生産の効率化が進められている。一方、小売業やサービス業は
どうだろうか。内閣府発表の「国民経済計算」では、国内のGDP
の72％を占めるまでに至った第3次産業だが、そのうち小売・サー
ビス業は他産業に比べてIT投資に消極的であり、また低い労働生
産性が長年の課題とされている。

　労働生産性が低い理由の1つにビジネスモデルがある。小売・
サービス業は、接客やコミュニケーションを介して顧客の感情を言
葉と五感で感じ取り、顧客が欲する商品やサービスを提供する。そ
のビジネスモデルを支えてきたのは従業員の長年の経験と勘なのだ
が、一方で労働生産性を低くする要因にもなってしまっている。

　また、小売・サービス業のビジネスモデルには特有のジレンマが

ある。例えば売上拡大と適正在庫をバランスさせることの悩みだ。売上を拡大させるためには一定の在庫を持たなければならない。しかし、在庫が多すぎるとコストを増大させて収益を圧迫する。売上は拡大させたい、しかし在庫は増やしたくない。このジレンマに悩みながら小売・サービス業は経営を続けている。

　低い労働生産性の要因の1つに接客業務があるが、それは顧客との直接の接点であり、小売・サービス業に特有のものとも言える。また、商品・サービスの販売（売上）と在庫管理のベースにもなっている。いわば小売・サービス業のジレンマと長年の課題の源になっている。そこで、その源にIoTを導入し、接客の現場であるフロントエンドと在庫を管理するバックエンドをデータでつなげば、小売・サービス業に特有のジレンマと低労働生産性の解決に資する有力な手段にできる。本書はそこに着目し、そのためにSE（システムエンジニア）に必要な知識と技術をわかりやすく解説した。

　必要な知識とは、小売・サービス業のビジネスモデルと特有のジレンマ、またKPIに基づいた経営管理などであり、必要な技術とは、小売・サービス業のジレンマをよく理解したうえでIoTシステムを構築するための技術とスキルである。

　今後、小売・サービス業でのIoT需要は必ず伸びると思われる。それに対してSEが、顧客が収益を上げられるいわば"儲かる"IoTを提案・構築できることを願って本書を上梓した。IoTシステムを手がけるSEにとって何らかの参考になれば幸いである。

　本書の執筆に当たり、製品の写真を提供してくださった企業の皆様に感謝申し上げる。また、執筆の機会を頂いた日刊工業新聞社の原田英典氏にも感謝申し上げたい。

　なお、本書に掲載の製品名は各社の商標あるいは登録商標です。

2019年8月　安野元人

SEのための小売・サービス向けIoTの知識と技術
―この一冊で儲かるシステムを提案できる―

目　次

はじめに ……………………………………………………………………… 1

第 1 章
小売・サービス業をめぐる
厳しい経営環境とIoTの可能性

1.1 小売・サービス業の労働生産性とIT活用 ……… 8
1.1.1 きわめて低い労働生産性………………………………… 9
1.1.2 労働生産性とは何か ……………………………………… 10
1.1.3 労働生産性を上げる方法 ………………………………… 11
1.1.4 小売・サービス業を取り巻く3つの環境 ……………… 13
1.1.5 小売・サービス業のIT活用状況 ……………………… 16

1.2 小売・サービス業が抱えるジレンマ ……………… 19
1.2.1 サプライチェーンでの小売・サービス業の役割 ………… 19
1.2.2 消費者行動の変化 ……………………………………… 21

1.3 小売・サービス業の課題解決に向けた
IoT活用の可能性 ………………………………… 23
1.3.1 売上拡大にIoTを活用する……………………………… 23
1.3.2 効率化のためにIoTを活用する ………………………… 24

1.4 理解すべき、小売・サービス業の経営管理の基本… 28
1.4.1 小売・サービス業の経営管理 …………………………… 28
1.4.2 小売・サービス業におけるKPI ………………………… 29
1.4.3 KPIの収集と意思決定をIoTシステムで実現する ……… 36
1.4.4 IoTと管理会計、経営戦略 ……………………………… 39

第2章
小売・サービス業に適した
IoTの導入戦略

2.1 小売・サービス業のジレンマとIoTの活用 ………… 46

    2.1.1 IoTと既存システムとの違い ………………………… 46

    2.1.2 IoTでジレンマを解決する ……………………………… 47

    2.1.3 小売・サービス業が担うサプライチェーンの下流 ………… 48

2.2 バックエンドでのIoTの活用 ……………………… 50

    2.2.1 在庫管理とIoT ………………………………………… 50

    2.2.2 仕入れ、発注業務とIoT ………………………………… 54

    2.2.3 フロントエンドとのつながりを考慮する ……………… 56

2.3 フロントエンドでのIoTの活用 …………………… 57

    2.3.1 マーケティングとIoT …………………………………… 57

    2.3.2 販売、サービスとIoT …………………………………… 60

    2.3.3 アフターフォローとIoT ………………………………… 64

    2.3.4 フロントエンドでのIoTの可能性 …………………… 67

2.4 業種別のIoT活用チャート ……………………… 68

第3章
小売・サービス業のためのIoTを構築する

3.1 小売・サービス向けIoTシステムの
基本アーキテクチャーと構成要素 …………………… 70

    3.1.1 IoTシステムの基本アーキテクチャー ………………… 70

    3.1.2 基本アーキテクチャーの構成要素とその役割 ………… 70

    3.1.3 アーキテクチャーの重要性 …………………………… 72

    3.1.4 小売・サービス業におけるアーキテクチャー ………… 73

目 次

3.2 データの入口となるフィールド層のアーキテクチャー ……………… 75
3.2.1 フィールド層の全体構成 ……………… 75
3.2.2 フィールド層を構成する技術の役割 ……………… 75
3.2.3 フィールド層の構築ポイント ……………… 82

3.3 クラウドシステムで構成されるプラットフォーム層のアーキテクチャー ……………… 96
3.3.1 プラットフォーム層の全体構成 ……………… 96
3.3.2 クラウドシステムとは何か ……………… 96
3.3.3 クラウドシステム選定のポイント ……………… 100
3.3.4 データを収集・保存・分析するクラウドシステム ……………… 101
3.3.5 プラットフォーム層（クラウドシステム）の構築 ……………… 116

3.4 システムを監視・コントロールするオペレーション層のアーキテクチャー ……………… 121
3.4.1 IoTセキュリティの5つの観点 ……………… 121
3.4.2 セキュリティが重要な4つの理由 ……………… 130
3.4.3 IoTのセキュリティ構築 ……………… 132
3.4.4 セキュリティ構築の4つの手順 ……………… 135
3.4.5 IoTのセキュリティ対策に関する留意点 ……………… 137
3.4.6 IoT特有のプライバシー問題 ……………… 139

3.5 IoT体験のすすめ ……………… 141

第4章
小売・サービス向けIoTシステムに対するSEのあるべき姿

4.1 顧客のサービスの特徴を理解する ……………… 144
4.1.1 小売・サービス業の3つの接点 ……………… 144
4.1.2 サービスの4特性 ……………… 145

4.1.3 ４つの特性の克服 ･･････････････････････････････････････ 146

4.2 小売・サービス業で価値を創出する
特有のフレームワークを知る ････････････････････ 148

4.2.1 サービスプロフィットチェーンとは何か ･････････････････ 148

4.2.2 IoTシステムの導入でサービスプロフィットチェーンの
どこに働きかけるか ･･･････････････････････････････ 150

4.2.3 ECMサイクルという考え方 ･･･････････････････････ 151

4.3 IoTシステムの導入ではここに注意 ････････････ 153

4.3.1 現場の負担を抑える ･･････････････････････････････ 153

4.3.2 社内管理体制を構築する ･･････････････････････････ 153

4.3.3 費用対効果を考える ･･････････････････････････････ 154

4.4 IoTシステム活用のストーリーを描く ････････････ 155

4.4.1 課題解決に向けたストーリーづくり ･････････････････ 155

4.4.2 インテグレーターとしてのシステムエンジニア ･･･････････ 156

索　引 ･･･ 157

第 **1** 章

小売・サービス業をめぐる 厳しい経営環境と IoT の可能性

1.1 小売・サービス業の労働生産性とIT活用

　初めに小売業とサービス業の定義について説明する。

　小売業とは、日本標準産業分類では「個人用または家庭用消費のために商品を販売するもの、または産業用使用者に少量又は少額に商品を販売するもの」と定義される。また、日本国内の証券取引所および証券保管振替機構で組織・運営される証券コード協議会の業種分類では、一般的な物品の小売（物販）業のほか、レストランや居酒屋などの飲食店、ファストフードチェーンといった外食産業も小売業として分類されている。

　サービス業の定義には広義と狭義の両方の定義がある。広義の定義では、第3次産業（第1次産業に分類される農業・林業・漁業、第2次産業に分類される鉱業・建設業・製造業以外の産業）とほぼ同義で、形のない財を提供する非製造業全般になる。狭義の定義では、第3次産業のうち、電気・ガスや水道などのインフラや銀行などの金融・保険業、不動産業、卸売・小売業、医療・福祉、公務など他の産業分類として定義されている分類に当てはまらないもの（日本標準産業分類）となる。そのため、広告代理店や自動車整備業などもサービス業に当たる。

　そこで本書では、衣料販売などの物販業だけでなくレストラン、居酒屋などの飲食業も小売業に含める。また、サービス業については店舗数が多く、消費者と直接接する機会の多い美容業や旅館・ホテル業を中心に話を進める。現在、小売・サービス業は、人材不足や労働生産性の低下などで製造業以上に厳しい状況に置かれている。その一方で、製造業を中心に急速に普及しているIoTが、人手不足や低労働生産性など小売・サービス業が長年抱えている経営課題を一挙に解決する起爆剤になる可能性がある。

本書は、小売・サービス業の経営課題の解決につながるIoTシステムを構築するための知識と技術について解説するが、まず、現状の小売・サービス業が抱える経営課題について詳しく解説しよう。

1.1.1 きわめて低い労働生産性

先進国ではGDP（国内総生産）に占めるサービス業（小売業を含む）のシェアが年々大きくなっている。内閣府の「2015年度国民経済計算」によれば、日本でもGDPにおけるサービス業のシェアが約70％に達し、製造業と同様に小売・サービス業が主要な産業と位置付けられるようになった。

一方、日本の小売・サービス業の労働生産性の低さは長年にわたって指摘され、大きな課題になっている。ハーバード大学のデール・ジョルゲンソン教授は、日本の労働生産性が1990年以降ほとんど成長していないこと、日米間の労働生産性格差が依然として存在することを指摘している。

公益財団法人日本生産性本部から発表された「日米産業別労働生産性水準比較」では以下のような指摘がなされている（**図1-1**参照）。

- 日本の労働生産性水準（2010～2012年の平均）は、化学（143.2％）や機械（109.6％）で米国を上回り、輸送機械（92.7％）でも遜色ない。
- サービス産業は、運輸（44.3％）や卸売・小売（38.4％）、飲食・宿泊（34.0％）などの主要分野で格差が依然として大きい。

米国に滞在経験のある日本人は、宅配便やタクシー、コンビニエンスストアなどの分野で日本のサービス品質が米国より15～20％程度上回っていると認識し、また、ホテルや百貨店などのそれも米国より10％程度品質が高いと認識しているという調査結果〔日本生産性本部「サービス品質の日米比較」（2017年8月）〕もあり、日

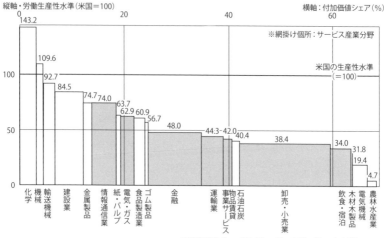

図1-1　日米の産業別生産性（1時間当たり付加価値）と付加価値シェア
（2010～2012年）
（出典：日本生産性本部 生産性研究センター「日米産業別労働生産性水準比較」）

本の小売・サービス業におけるサービス品質の高さは内外の日本人から認められているところである。

しかし、労働生産性の観点では、「日米産業別労働生産性水準比較」で指摘のように製造業は他の先進国と遜色のない生産性を維持しているものの、サービス業のそれは米国と比べ大きく差のあることがわかる。

1.1.2　労働生産性とは何か

生産性とは、投入する資源（インプット）と産出（アウトプット）との比率を意味し、計算式はつぎのようになる。
- 生産性＝産出（アウトプット）÷投入（インプット）

少ない投入量に対して多くの産出を生み出せることを「生産性が高い」と言う。

労働生産性とは、労働の成果（アウトプット）を労働投入量（イ

ンプット）で割ったものである。言い換えると労働者1人当たりが
生み出す成果であり、計算式はつぎのようになる。

● 労働生産性＝労働の成果（アウトプット）÷従業員数（インプット）

　労働の成果には、「販売金額をベース」にするものと「付加価値
をベース」にするものの2種類がある。販売金額は企業でいうとこ
ろの売上高のことである。一方、付加価値は企業が生み出した新た
な金額的価値のことであり、計算方法はさまざまあるが、一般的に
は以下の計算式で求められる。

● 付加価値＝営業利益＋人件費＋減価償却費

　なお、国際的に労働生産性を比較する場合は、付加価値をベース
にしたものを使うのが一般的である。

1.1.3　労働生産性を上げる方法

　では、付加価値をベースに労働生産性を向上させるにはどのよう
にすればよいのだろうか。付加価値をベースにした労働生産性の計
算式は以下のように表せられる。

● 労働生産性＝付加価値（営業利益＋人件費＋減価償却費）÷従業
　員数

　労働生産性を向上させるためには以下の5つのパターンが考えら
れる（**図1-2**）。

①労働投入量は維持し、付加価値を増加させる。

②労働投入量を増加させるが、それ以上に付加価値を増加させる。

③労働投入量を減少させ、付加価値を増加させる。

④付加価値は維持し、労働投入量を減少させる。

⑤付加価値は減少するが、それ以上に労働投入量も減少させる。

　例えば、100の付加価値を産み出すために100の労働投入量を投
入した場合、労働生産性は1である。一方、業務の効率化を図って
80の労働投入量で100の付加価値を産出できた場合、労働生産性は

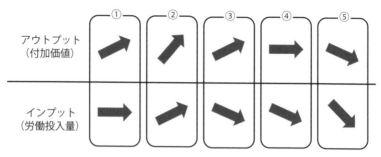

図1-2 労働生産性向上のための5つのパターン

1.25へと向上する。

　また、利益重視の経営にシフトすることにより、付加価値が100から60に下がったものの、60の付加価値を50の労働投入量で産出できた場合は労働生産性は1.2となり、付加価値100に対して100の労働投入量の場合と比べて労働生産性は向上したと言える（**図1-3**）。

　労働生産性を上げるため、分子である付加価値を上げるには、まず自社の強みをアピールし、商品やサービスの価格競争力を上げることが必要になる。そして、この価格競争力を上げることで営業利益が向上し、獲得した利益を従業員の給与やIT（Information Technology）などの投資に回すことで付加価値を上げることができる。一方、分母である従業員数を減らし、また、分子の付加価値を維持するためには、ITなどを活用して業務の効率化を図る必要がある。

　小売・サービス業の労働生産性が他の先進国に比べて低いということは、提供する商品やサービスをうまくアピールできないために価格競争力が低くなっているのか、もしくはITへの積極的な投資やITなどを活用した業務の効率化が推進できていないという状態にあると言えよう。ある旅館業では、労働生産性を上げるため、従

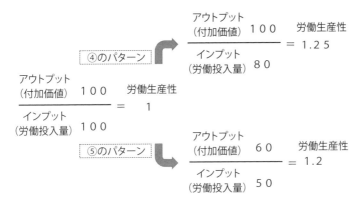

図1-3 労働生産性向上の具体例

来から続く24時間365日稼働の伝統的な経営スタイルを転換し、毎週平日で2日の定休日を導入した。また、ITを活用して作業を効率化するとともに、専門業務に特化することなく、さまざまな業務に対応できるようマルチスキル化を進めた。また、休館日を設けることで、営業日には全スタッフが勤務して宿泊客を迎えるようにした。その結果、短期的な売上は落ちたものの、従業員の労働時間が減少したため労働生産性は上昇した。

特に少子高齢化や人口減少の急速に進む経済環境においては、労働生産性向上のパターンにおける④や⑤のように、付加価値を維持もしくは減少させつつ、それ以上に労働投入量を下げていくという選択肢も考慮しなければならないかもしれない。

1.1.4 小売・サービス業を取り巻く3つの環境

最近の小売・サービス業を取り巻く環境として顕著な3つの事柄を見てみよう。

(1) 深刻な人材不足

昨今、どの業種でも人材不足や採用難が問題となっているが、特

に厳しい状況なのが小売・サービス業である。

　帝国データバンクが発表した「人手不足に対する企業の動向調査（2018年7月）」によると、非正規社員が不足していると答えた上位10業種のうち8業種が小売・サービス業となっている。最も不足感を覚えているのが「飲食店」であり、80％強が人手不足と回答している。また、「娯楽サービス」、「飲食料品小売」、「各種商品小売」も50％以上が人手不足と回答し、そこに「家具類小売」「医薬品・日用品雑貨店小売」「旅館・ホテル」「教育サービス」が続いている（図1-4）。

　また、農林水産省食料産業局が発表した「卸売業・小売業における働き方の現状と課題について」（平成30年2月21日）によると、全産業の欠員率（未充足求人数を常用労働者数で割った数値）が2.1、食品製造業のそれが2.5だったのに対し、小売業の欠員率は2.9と他の業種に比べて高い数値となっている。

　小売・サービス業は、サービスを消費者に直接提供しているゆえ

（％）

	業界	2018年7月	2017年7月	2016年7月
1	飲食店	82.9	78.0	79.5
2	メンテナンス・警備・検査	65.1	48.5	50.4
3	人材派遣・紹介	60.0	48.8	48.8
4	娯楽サービス	58.2	50.9	63.0
5	飲食料品小売	57.9	56.9	63.8
6	各種商品小売	57.8	59.6	42.9
7	家具類小売	55.6	37.5	33.3
8	医薬品・日用品雑貨店小売	52.2	34.8	46.4
9	旅館・ホテル	50.0	37.5	57.1
10	教育サービス	47.8	29.4	31.6

図1-4　従業員（非正規社員）が「不足」している上位10業種
（出典：帝国データバンク「人手不足に対する企業の動向調査」）

第1章　小売・サービス業をめぐる厳しい経営環境とIoTの可能性

に長時間労働、休日出勤、低賃金が常態化している。小売・サービス業を取り巻く人材不足は他の業種と比較しても深刻な状況になっている。

(2) 長い労働時間と取りづらい休暇

　小売・サービス業の特徴として、他の業種に比べて非正規社員の多いことが挙げられる。全業種に対する非正規社員の比率が37.3%であるのに対して宿泊業、飲食サービス業における非正規社員の比率は69.2%、卸売業、小売業におけるそれは47.2%であり、小売・サービス業の非正規社員の比率は全業種平均を大きく上回っている。

　昨今は働き方改革により、非正規社員に対しても年次休暇の取得義務、時間外労働の制限、同一労働同一賃金など、正規社員と同様の労働環境の整備が求められており、人材不足と労働環境改善をめぐり、小売・サービス業の経営環境は他の業種に比べて厳しさを増している。

　また、小売・サービス業は土日に関係なく営業していることも多いことから、一般的に従業員の労働時間が長く、休日が取得しづらい環境になっている。さらに、人手不足の影響から休日出勤も多い。厚生労働省による「年次有給休暇の取得状況」（図1-5）では、卸売業と小売業は取得日数6.5日、取得率35.8%、宿泊業と飲食サービス業は取得日数5.2日、取得率が32.5%となっている。全産業平均の取得日数が9.0日、取得率が49.4%なので、それに比べると小売・サービス業は休暇が取得しづらい労働環境と言える。

(3) 低い資本装備率

　低い労働生産性、人材不足による労働環境の悪化に加え、小売・サービス業では低い資本装備率も問題になっている。資本装備率とは従業員1人当たりの設備投資金額を示し、企業における設備投資

業界	労働者1人平均有給休暇取得日数	労働者1人平均有給休暇取得率（%）
建設業	7	38.5%
製造業	11	58.4%
情報通信業	11.5	59.8%
運輸業、郵便業	9.3	51.4%
金融業、保険業	11.2	58.3%
宿泊業、飲食サービス業	5.2	32.5%
卸売業、小売業	6.5	35.8%

図1-5　年次有給休暇の取得状況
（出典：「平成30年就労条件総合調査」第5表より抜粋、厚生労働省、
https://www.mhlw.go.jp/toukei/itiran/roudou/jikan/syurou/18/index.html）

の合理性を分析するための指標である。

● 資本装備率＝有形固定資産÷従業員数

　大規模な工場や機械設備を有する製造業などは資本装備率が高くなる傾向にあるが、小売・サービス業は全業種の平均からも大きく下回っている。それは逆に言えば、小売・サービス業はITなどの設備投資をすればまだまだ業務改善が可能なことを示していることにもなる。

1.1.5　小売・サービス業のIT活用状況

　ここまでの記述から、小売・サービス業の労働生産性、資本装備率、労働環境が明らかになった。そして、低水準な労働生産性と資本装備率および劣悪な労働環境を解決する1つの手段としてITへの積極投資が挙げられる。

　ところで、小売・サービス業におけるIT活用の現状はどのようなものだろうか。製造業と比較すると2002年頃から従業員1人当たりのIT投資額（ソフト＋ハード）に乖離が発生している（図1-6）。さらに、従業員が直接手に触れ、業務の効率化を進められ

るソフトウェアだけで見るとさらに乖離している（図1-7）。

　また、ITの活用にはITを導入・運用する人材も欠かせないが、IT人材への投資に関しても製造業と比べると2002年頃から大きく低下している（図1-8）。

　つまり、IT人材の育成ができていないことが、小売・サービス業の労働生産性の低下の要因であると言えよう。そのため、今後、小売・サービス業の労働生産性を上げるには、ITの活用とそれを活用する人材の育成が必要になる。

　とはいえ、小売・サービス業でIT人材の育成をさっそく明日から始めるというのは現実的ではなく、むしろ、人手不足の状況の中ではIT人材の育成までおぼつかないというのが実情であろう。であれば、小売・サービス業へITシステムの導入を図ろうというシステムエンジニア（SE）には、システムだけのことではなく、小売・サービス業を取り巻く環境や経営状況も理解したうえでITシステムを提案、導入、サポートすることが期待される。なぜなら、単にシステムを構築して提供するだけでなく、業界や経営をめぐる

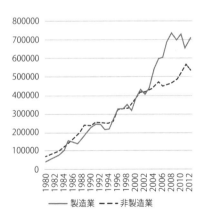

図1-6　従業員1人当たりIT投資額（ソフト+ハード）の推移（単位：円）
（出典：JIP2015データベース）

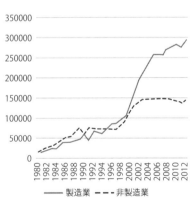

図1-7　従業員1人当たりIT投資額（ソフト）の推移（単位：円）
（出典：JIP2015データベース）

環境を勘案したうえで構築・提供したシステムであるからこそ、顧客の労働生産性向上へとつなげていけるからである。

既述の通り、小売・サービス業では、低い労働生産性と資本装備率、そして深刻な人材不足と劣悪な労働環境と、その取り巻く環境は他の業種と比較しても厳しさを増している。そのような環境を改善するためには、ITやICT（Information and Communicaion Technology）、とりわけ発展がめざましいIoT（Internet of Things）、AI（Artificial Intelligence）などに積極的に投資をすることである（図1-9）。

しかし、小売・サービス業ではITを活用するうえでの人材育成が遅れているため、システムを提供する側のSEが小売・サービス業を取り巻く課題や個々の企業や店舗の抱える課題を理解し、そのうえで小売・サービス業の目指したい姿を俯瞰的に捉える必要がある。そして、その課題に対して有効なITシステムを提案することが、小売・サービス業の生産性向上のカギを握っていると言っても過言ではないのである。

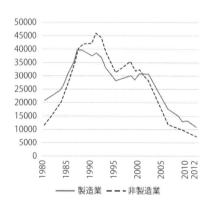

図1-8　従業員1人当たり人的資本投資額の推移（単位：円）
（出典：JIP2015データベース）

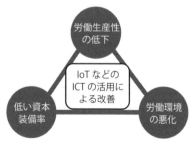

図1-9　小売・サービス業を取り巻く課題とICTによる改善

1.2 小売・サービス業が抱えるジレンマ

小売・サービス業が直面するジレンマについて、製造業と比較しながら解説する。

1.2.1 サプライチェーンでの小売・サービス業の役割

小売・サービス業が抱えるジレンマを知るためには、まずはサプライチェーンの構造を理解する必要がある。以下にサプライチェーンの基本を説明する。

(1) サプライチェーン

サプライチェーンは「供給連鎖」と訳され、経営においては原材料調達から生産、物流を経て製品が消費者に届くまでの一連の工程を意味する（図1-10）。

なお、サプライチェーンマネジメントとは、サプライチェーンにおける調達から生産、物流、販売までをネットワークで結び、販売情報、需要情報などを部門間、企業間でリアルタイムに共有することによってスピードと効率を高めながら顧客満足を実現する経営管理手法のことである。

(2) サプライチェーンの上流と下流

サプライチェーンの中で主に原材料の調達から生産までを担うのが製造業である。そして物流から販売、アフターフォローまで担う

図1-10　サプライチェーン

のが小売業である。自動車や衣類などの大手企業の中には製造から販売までのすべてを担う企業もあるが、多くの企業はサプライチェーンの一部分を担っているのが現状だろう。

製造業が担う、調達から生産までをサプライチェーンの「上流」、小売・サービス業が担う、物流から販売、アフターフォローまでを「下流」とした場合（図1-11）、サプライチェーンの上流と下流との大きな違いは何だろうか。それは消費者との直接の接点があるか否かである。

製造業の場合、下流からあがってくる需要予測に基づいて決められた生産計画に沿っていかに短期間で高品質な製品を製造できるかがサプライチェーンを効率化するうえで必要になる。

一方、小売・サービス業では消費者との直接の接点があるため、消費者のさまざまな要望に対して柔軟に対応することがサプライチェーン上で必要になる。もちろん、小売・サービス業も需要予測に基づいて在庫や販売の計画を立てて対応するが、消費者の行動は流動的なため計画通りにいかないことも多い。そのため小売・サービス業では、その流動的な消費者行動にいかに効率よく対応するかがサプライチェーンの効率化のカギとなってくる。

(3) 小売・サービス業のジレンマとは

小売・サービス業では、「流動的な消費者行動に対していかに効

図1-11　サプライチェーンの上流と下流

第 1 章　小売・サービス業をめぐる厳しい経営環境と IoT の可能性

率よく対応するか」が求められる。そのためには克服しなければならない課題として以下の2点がある。

● 在庫のないものを販売することはできない。

● 消費者が何を買いそうか事前に知ることはできない。

　1つ目の課題である「在庫のないものを販売することはできない」に対処するためには、在庫を多く保有することで解決できるかもしれないが、需要以上の在庫を保有した場合、在庫を保管するためにコストがかかり、不良在庫になるリスクも高まる。また、2つ目の課題である「消費者が何を買いそうか事前に知ることはできない」に対しても、品揃えの種類を増やすなどの対処が考えられるが、品揃えを増やす場合にも、陳列の手間と場所の確保といった負荷、および不良在庫になるリスクが高くなる。

　また、2つ目の課題に対して品揃えを頻繁に替え、品揃えの新鮮さを保つという対処方法もある。売り場の鮮度が高いと集客効果が見込め、売上も増加するかもしれないからだ。一方、鮮度を保つためには商品を高回転で消化しなければならないため、値引き販売を多用することによる利益低下のリスクも伴う。

　このように、小売・サービス業が抱える課題に対して、在庫を増やすのか減らすのか、品揃えを増やすのか減らすのか、品揃えの鮮度を保つのか否かという、売上拡大とコスト削減を追求するうえで常にジレンマを抱えながら最適な対応を行わなければならないのである（**図1-12**）。

	売上拡大	コスト削減
在庫	在庫を増やす→不良在庫	在庫を減らす→販売機会のロス
品揃え	品揃えを増やす→陳列の手間	品揃えを減らす→販売機会のロス
新商品	新商品を増やす→値引きで利益減	新商品を減らす→集客力低下

図1-12　小売・サービス業のジレンマ

1.2.2 消費者行動の変化

スマートフォン（スマホ）などの普及で消費者は24時間365日、常時インターネットでさまざまな情報に接している。それに伴い消費者の行動の変化も速くなり、流動性も増している。また、その消費者の行動の変化は以下のような具体的事象として現れている。

1つ目は、行動の同時並行性が増加していることである。例えば、食事をしながら、電車に乗りながらスマホを使って情報を得ることができる。また、SNSへの投稿やECサイトでの買物もできる。さらに、外出先からスマホで自宅の家電まで操作できるというように、消費者行動の同時並行性は増加し続けている。

2つ目は、製品の乗り換えのハードル（スイッチングコスト）が低下していることである。「Accenture Adaptive Consumer Research Survey 2015」の調査では、より良い条件の製品を適切な場所やタイミングで紹介されたら、59％の消費者はそれへ切り替えることに躊躇しないと回答している。

3つ目は、個人情報を取得されることをあまり気にしない傾向にあることだ。消費者の70％が、情報提供先の取扱い方が適切であれば、個人情報を提供することに同意すると回答している（「Accenture Interactive Marketing Pulse Personalization Survey 2016」の調査結果）。

今後、小売・サービス業は、流動性が高い消費者と向き合いながら、自らの抱えるジレンマに対応する必要がある。そのような移り気な消費者がどのようなニーズを抱いているのか、そしてどのような行動を取ろうとしているのかを予測するうえで、1.1.5項でも触れたようにITやICT、その中でも特にIoTの活用が有効であり、IoTシステムから得られるデータは今後の小売・サービス業の経営における水先案内人になるとも言えるのであろう。

第1章 小売・サービス業をめぐる厳しい経営環境とIoTの可能性

1.3 小売サービス業の課題解決に向けた IoT活用の可能性

小売・サービス業が抱える課題を解決するために、IoTの技術をどのように活用できるかを解説する。

1.3.1 売上拡大にIoTを活用する

小売・サービス業が抱えるジレンマや労働生産性の低さといった課題を解決するためには、まずは労働生産性の計算式の分子である「営業利益」（11ページ参照）を上げる必要がある。そして、営業利益を上げるためには、自社の強みを分析、アピールし、それを価格に反映させて売上を上げなければならない。

IoTから得られるデータを分析、活用することで、顧客1人ひとりに合わせた接客、おもてなしを行うことができる。そして、その強みをアピールすることで売上拡大を図れる。

では、IoTを活用することでどのように売上拡大を図れるのか。具体例をいくつか紹介しよう。

(1) 売上拡大のための生体認証、画像認識技術の活用

小売・サービス業にとって画像認識技術は売上拡大を図るうえでたいへん有効な手段と言える。例えば、**図1-14**のように店頭や店内、売り場レジの前やホテルのフロントの前にカメラを設置し、その前を通り過ぎる人の顔を認証して顧客を識別する。そして、識別した顧客の顔情報からそれに紐づく過去の購入履歴や来店履歴のデータを読み取るようにすれば、その顧客に合わせた接客や対応ができるようになる。

また、画像認識技術や生体認証技術を用いたレジを導入すれば、レジの無人化や決済の効率化を図ることができ、それにより会計時

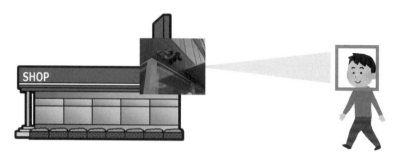

図1-13　店頭で来店客を画像認識

間の短縮や顧客の利便性向上につなげられる。

(2) 売上拡大のためのセンシング技術への活用

　センシング技術とは、センサー（感知器）などを用いてさまざまな情報を計測して数値化する技術の総称である。温度や音量、明るさ、衝撃の強さといった測定要素を電気信号に変換し、定量的にデータとして収集する。IoTでは、センサーから収集されたデータはWi-Fiなどの無線通信ネットワークを通じてクラウドシステムなどのサーバーに送られ、保存される。また、センサーの各種の設定も基本的には通信ネットワークを通じて遠隔操作で行われる。センサーの種類や役割については第3章で詳しく解説するが、最近は、センシング技術を使った機器が小売・サービス業向けにも開発、販売されている。

　このセンシング技術を鏡に組み込んで姿見鏡にすれば、衣料販売店の試着室では鏡の前に立つだけで、着替えることなくさまざまなカラーバリエーションやコーディネートをバーチャルに試着できる。また、美容室の鏡にセンシング技術を組み込めば、カットする前にさまざまな髪型をバーチャルで試せる。

1.3.2 効率化のためにIoTを活用する

　小売・サービス業が抱える労働生産性が低いという課題を解決するためのもう1つの方法は、労働生産性の計算式の分母である「従業員数」（11ページ参照）もしくは「従業員の労働時間」を削減することである。いまは少子高齢化に伴う人材不足が深刻な時代であるため、少ない従業員数でいかに売上、利益を維持・向上させるかが重要であり、かつ労働生産性を上げるために業務の効率化を図ることが求められている。

　そうした少ない従業員数で労働生産性を上げるためにもIoTの活用による業務の効率化が有効になる。以下にその具体例を示そう。

(1) 効率化のための生体認証、画像認識技術の活用

　小売・サービス業では店舗のレジ業務に意外に手間がかかる。そこで、前述のような無人レジを導入すれば、レジ業務に費やす従業員の工数を削減できる。また、カメラによる画像認識技術を活用すれば、バーコードなら商品を1つずつスキャニングしなければならない読取り作業も、カメラやRFIDタグ読取り機に商品をまとめてかざすだけで一度にデータを読み取ることができる。

　また、画像認識技術は商品ロスの削減や欠品による販売機会の損失の削減にも役立てられる。例えば、**図1-14**のように店内に設置したカメラで商品棚の変化を検知すれば、大量の盗難を瞬時に把握したり、欠品を把握することで即座に補充を指示したりすることができる。つまり、いままで人手で把握していたことが自動化できるようになる。

　前述した無人レジのように、顔認証などの生体認証技術を活用することで精度の高いレジの自動化を実現できる。また、顔認証などの生体認証技術は正確かつ高速に個人を特定できるため、顔認証と決済システムを連携させれば決済をさらにスムーズに進めることも

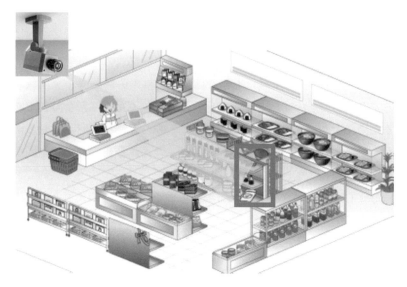

図1-14　店内カメラによる商品棚の管理

可能になる。それにより、顧客満足を高めることができるとともに、レジに関わる要員もさらに削減することができる。

(2) 効率化のためのセンシング技術の活用

1.3.1項に述べたセンシング技術は業務の効率化にも活用できる。例えば、図1-15のようにスタッフが所持するスマホや身に付ける名札にセンサーを組み込み、天井に備え付けた送・受信機（センサー）とやり取りすることで位置情報を取得すれば、常にスタッフの位置を把握できる。また、スタッフの位置状況の把握とソフトウェアとを組み合わせれば、配置の最適化や業務の効率化につなげることができる。ホテルや旅館などのようにフロアをまたいでスタッフを配置する業態でも、センシング技術を活用してスタッフの

第 1 章　小売・サービス業をめぐる厳しい経営環境と IoT の可能性

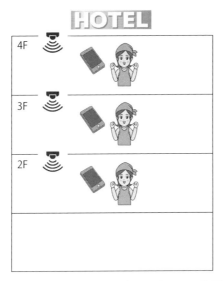

図 1-15　センシング技術でホテル内のスタッフの位置状況を把握

　位置情報や配置状況を一元で管理すれば、スタッフ配置の可視化や効率的な作業の指示をできるようになる。

1.4 理解すべき、小売・サービス業の経営管理の基本

　前節で述べたように、IoTは小売・サービス業において売上の拡大、業務の効率化の両面でおおいなるポテンシャルを秘めている。そして、それをいかに小売・サービス業の経営者、管理者に理解してもらうかがシステムベンダーの使命とも言える。

　そのためにSEはまず、小売・サービス業が売上拡大とコスト削減とのジレンマを解決するうえでどのような指標で経営管理を行っているのかを知ることが重要である。また、小売・サービス業に特有の指標について理解し、IoTシステムを導入することがその指標の測定、分析にどのように貢献できるのか、さらにそれが売上拡大とコスト削減とのジレンマの解消、労働生産性の向上にどのように結びつくのかという視点を持つことである。

　そこで、小売・サービス業で経営管理の基本となる知識について以下に説明する。

1.4.1　小売・サービス業の経営管理

　本章ではここまで、小売・サービス業の現状と課題、また課題解決に向けたIoT活用の可能性について述べた。ただし、IoTを活用するためには小売・サービス業の業種・業態ごとの経営課題を把握し、それぞれの課題の解決に適したシステムを構築しなければならない。なぜなら、小売・サービス業には、飲食、衣料小売、美容、宿泊（旅館・ホテルなど）など代表的な業種以外にもさまざまな業種・業態があり、取り扱う商品の種類や規模、顧客の属性なども多種多様なため、他の業種や企業に適用できたIoTシステムをそのまま小売・サービス業の顧客に適用できるとは限らないからである。小売・サービス業にIoTシステムを導入するためには、SEは顧客

第1章　小売・サービス業をめぐる厳しい経営環境とIoTの可能性

である企業の現状と経営課題、IoTで実現したいことをしっかり把握することが肝要である。

以下では、そのために必要な事項を解説する。

1.4.2 小売・サービス業におけるKPI

(1) KPI

「KPI（Key Performance Indicator）」とは、目標を達成する途上で達成度合いを計測・監視するための定量的な指標のことであり、「重要業績評価指標」と訳される。そして、KPIの実施によって達成すべき目標を「KGI（Key Goal Indicator）：重要目標達成指標」と言い、多くの企業では売上高や利益が最終的な目標（＝KGI）として設定される。

つまり、KPIとは、KGIを達成するための中間指標に位置づけられ、KPIが達成できれば自ずとKGI（売上や利益）も達成できるとされる。そのため、KPIの設定と進捗管理を正確に行うことがKGIの達成につながるため、KPIは経営において重要な役割を果たしている（図1-16）。

例えば、営業部門のKPIとしては新規顧客の訪問件数や受注件数などが設定されることが多い。また、製造部門では機械稼働率、不良率、事故発生率などがKPIとして設定される。

(2) 小売・サービス業のKPI

小売・サービス業のKPIには、小売・サービス業全般に共通するKPIと、飲食、衣料小売、美容、宿泊など個別業種ごとに特有のKPIとがある。以下に小売・サービス業全般と個別業種ごとの主なKPIを解説する。

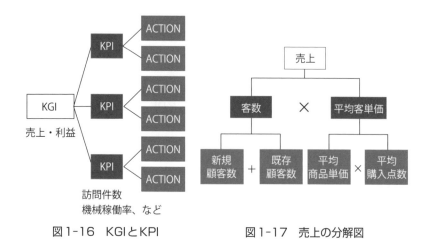

図1-16　KGIとKPI　　　　図1-17　売上の分解図

①小売・サービス業共通のKPI

小売・サービス業全般に共通するKPIにはつぎの6つがある。

● 客数

店舗に来店し、購入に至った顧客数のこと。旅館、ホテルなどの宿泊業であれば予約して宿泊した顧客数を意味する。

● 平均客単価

顧客1人当たりの購入単価のこと。店舗の面積、席数、時間など経営における制約条件がある中で売上を伸ばしたい場合には、平均客単価を上げる必要がある。

● 新規顧客数

新規で来店した顧客数のこと。広告やプロモーションで効果測定の指標になる。

● 既存顧客数（リピーター）

再来店した顧客数のこと。新規顧客数と同じように、広告やプロモーションの、またポイント付与や割引など再来店を促す施策の効果測定の指標になる。

第 1 章　小売・サービス業をめぐる厳しい経営環境と IoT の可能性

● 平均商品単価

　販売している商品、サービス 1 点当たりの平均単価のこと。大き
く変動する要素の少ない指標だが、大きな値引き、値上げをした際
には変動する。値引き、値上げをする際、平均商品単価がどれくら
い変動し、それにより最終的に売上にどれくらいの影響があるのか
を確認する必要がある。

● 平均購入点数

　顧客 1 人当たりが購入する商品、サービスの点数のこと。組合せ
購入など平均購入点数を上げるプロモーション施策の効果測定の指
標になる。また、売れ筋の在庫がないなどの販売機会のロスが生じ
ている場合は平均購入点数も下がる傾向にあるので、平均購入点数
が変動する場合は店頭の在庫状況やレイアウトの見直しが必要であ
る。

　上述の「客数」から「平均購入点数」までが小売・サービス業に
共通して管理が必要な KPI であり、それは売上と大きく関係してい
る。図1-17のように売上を分解すると「客数×平均客単価」にな
る。さらに「客数」を分解すると「新規顧客数＋既存顧客数（リ
ピーター）」になり、「平均客単価」を分解すると「平均商品単価×
平均購入点数」になる。

　売上を KGI として設定した場合、それを構成する 6 つの KPI（客
数、平均客単価、新規顧客数、既存顧客数、平均商品単価、平均購
入点数）をどのように設定すれば最終的に KGI（売上目標）を達成
できるかを考えながら適切に KPI を設定する必要がある。また、
KPI を正確に測定し、併せて KPI を達成するために店舗や顧客の状
況をリアルタイムに把握しながら適切かつ迅速に対処することも必
要である。その際、KPI の正確な測定には従来の POS（Point of
Sale：販売時点情報管理）システムで対応できるが、一方で KPI を
達成するために店舗や顧客の状況をリアルタイムに把握するには従

31

業員の目視や経験、勘に頼りがちになっている。それは小売・サービス業の課題でもあるが、今後はIoTがそれにとって代わり、店舗や顧客の状況をリアルタイムに、かつ正確に測定できるようになるだろう。

②個別業種特有のKPI

　小売・サービス業における個別業種特有のKPIとして、飲食、衣料小売、美容、宿泊の4業種について解説する。

【飲食業】

● 座席数

　座席数は売上を考えるうえで基本となる指標である。店舗の面積に対して座席数をどれくらいにし、どのように配置するかは店舗のコンセプトに通ずる重要な指標である。通路幅を多少狭くしても数多くの座席を配置するのか、逆に通路幅を広くとって座席数を少なくすることで店舗の環境を最優先させるのかはそれぞれの店舗が考えるコンセプトによるところが大きい。また、座席数によって配置するスタッフの人数も決まってくる。

● 稼働率

　稼働率は、配置した座席数に対してどれくらい埋まっているかを示す指標である。例えば、30席を配置している店舗に21人の来客があれば稼働率は70％である。配置する座席数にもよるが、一般的に人気店の稼働率は高いと言える。

● 回転率

　回転率は、1席当たり何人の顧客が利用したかを表す指標である。例えば、30席ある店舗に開店から閉店まで延べ120人の来客があった場合、その日の回転率は4回転となる。基本的には回転率を上げることで売上を上げることができるが、一方で回転率が高くなるとホールや厨房に多くのスタッフを配置する必要もあるため、回

転率を考える際には売上とコストのバランスも考えなければならない。

　回転率を上げつつ、現有スタッフの数でオペレーションするうえではIoTが有効になる。例えば、座席に注文用のタブレットを配備して来店客にオーダーしてもらうこともその1例と言える。また、来店客からのオーダーが厨房のシステムと連動し、オーダーと同時に最適な調理順序を自動的に計算して画面に表示するようにすれば、オーダーをとる工数の削減と厨房での調理時間の短縮を図ることで回転率を上げることができる。

【衣料小売業】

● 店頭通行人数

　店頭通行人数は、店舗の前の道路や通路を通行する人数のことである。店舗の立地を決める際に重要な指標になる。また、来店客数の増加を図るうえで基となる人数でもある。

● 来店客数

　来店客数は、店頭通行人数のうち実際に店舗に入った人数である。店頭通行人数やセールなどの実施状況によって来店客数は変動する。また、季節や時期、天候などの影響でも変動する。

● 来店率

　来店率は、店頭通行人数のうちどのくらいが来店に至ったかの割合である。店頭のウインドウディスプレイやセール、売れ筋商品などのアピール度の指標になる。

● 購買率

　購買率は、来店客数のうちで実際に購買に至った割合である。店内のディスプレイや陳列、接客などの効果を測定できる。

　衣料販売のような小売業は、来店客がすんなり購買へと至らないのが最大の特徴である。そのため、店頭通行人数をいかにして来店客数、購買客数へとつなげていけるか、また、つなげる確率をいか

に高くできるかが衣料販売を始めとした小売業の課題となっている。そして、その課題を解決するためにはまず店頭通行人数、来店客数を正確に把握することであり、そこから来店率、購買率を高めることにつなげていけるようにすることである。

なお、これまで購買客数の測定はPOSシステムでできるものの、店頭通行人数、来店客数を測定するのが難しかった。しかし、人感センサーなどによるIoTによって自動測定が可能になったことから、それを活用すれば客観的な数値に基づいて来店率、購買率を高める戦略が立てやすくなると思われる。

【美容業】

美容業も飲食業と同様に座席数、稼働率、回転率が、また、衣料小売業と同様に店頭通行人数が重要なKPIとして設定される。加えて美容業には以下のKPIも設定される。

● 予約数

美容業には、顧客からの予約を受けて来店を待つという業態の店舗が多い。そのため予約数は第一に管理すべきKPIになる。また、予約数は「新規顧客の予約」と「再来店顧客（リピーター）の予約」に分けられ、再来店率（リピート率）を高めながら新規顧客の予約も一定数確保することがポイントとなる。

美容業においては、インターネットへの情報掲載やインターネットからの予約受付などが主流になっていることから、ネットマーケティングの指標（閲覧回数、リピート率、コンバージョン率、クリック数）が予約数に大きく影響する。そのため、座席数、稼働率、回転率、店頭通行人数など店舗で測定できるKPIとネットマーケティングにおけるKPIの双方を管理し、相乗効果を図ることが求められている。

第1章　小売・サービス業をめぐる厳しい経営環境とIoTの可能性

【宿泊業】

● 稼働率

　宿泊業における稼働率とは、全客室数に対する実際の利用率を言う。客室をいかに有効利用できているかの指標となる。稼働率を上げることは売上増に直結する。また、宿泊業の特徴は時期や季節により稼働率が大きく変動することである。そのため稼働率の変動に対していかに効率よくオペレーションを行うかが、宿泊業で利益を確保するうえでの大きな課題になる。それに対してIoTを活用してフロント業務や清掃業務を効率化すれば、稼働率の変動や急上昇などに対しても顧客サービスの質を落とすことなくオペレーションすることが可能になる。

● 摂食率

　摂食率は、全宿泊客数に対して、宿泊業のオプションサービスである朝食、夕食を利用（摂食）した人数の割合を示す指標である。この摂食率も稼働率と同様、時期や季節によって大きく変動する。そのため飲食店と同じように、いかに厨房や接客のオペレーションを効率化し、サービスの質を落とさずに変動に対応するかが求められる。そのためにIoTを活用することは有効である。

　上述の指標に加え、予約数やキャンセル率なども重要な指標となり得る。また、宿泊業でも美容業と同様に、インターネットへの情報掲載やインターネットからの予約受付が主流になっているため、ネットマーケティングの指標（閲覧回数、リピート率、コンバージョン率、クリック数）なども予約数、稼働率に大きく影響する。

　宿泊業でも現場で測定できるKPIとネットマーケティングで測定できるKPIを組み合わせて客数、客室単価をコントロールし、また稼働率の変動に対してサービスの質を落とすことなくオペレーションを行うことで稼働率を維持、向上させることが求められている。

35

1.4.3 **KPIの収集と意思決定をIoTシステムで実現する**

　小売・サービス業の経営で重要なKPIを理解したら、つぎはIoT
を導入して実際に企業や店舗がどのようなKPIを測定して売上や
利益の増加につなげたいのかを把握しなければならない。そのため
には企業や店舗のKPI管理の全体図を描く必要がある。

　例えば、アパレルショップで「来店率」「購買率」の2項目を主
要なKPIに設定する。そして来店率、購買率の2つが上昇し、一方
で購入平均単価など他の指標に変化がなければ、当然、売上は増加
することになるが、その際には以下の4つの視点が必要になる。

(1) 設定したKPIを正確に測定できるか

　まずは、設定したKPIを正確に測定できるかどうか見極める必要
がある。上述のアパレルショップの場合、購買率の算出に必要な購
入客数については従来のPOSシステムで対応できる。ただし、
POSシステムの老朽化などによってデータ活用が不十分な場合に
は、キャッシュレス対応やタブレット型のレジシステムの導入を検
討する必要があるだろう。

　一方、来店率の算出に必要になる店頭通行人数と来店客数につい
ては、人感センサーを用いたIoTを活用できそうである。まずは設
定したKPIを算出するために必要なデータをIoTシステムを使って
自動的に収集できるかどうかを確認する必要がある。

(2) KPI、KGIの目標を設定する

　つぎに、KPIの目標値とKGI（売上、利益）の目標値をどこに設
定すべきかを検討する。例えば、来店率を現在の20％増を目標値
に設定したとすると、もう一方のKPIである購買率の目標値はどの
くらいが適当であるか、そして来店率、購買率の目標が達成された
場合、KGIである売上、利益はどれくらい見込めるのかまで考慮し

第1章　小売・サービス業をめぐる厳しい経営環境とIoTの可能性

て設定する必要がある。陥りがちなのが、KPIとKGIのつながりを考えずKPIの達成が目的化してしまうことである。KPIはKGI（売上、利益）を達成するための手段でしかない。KPIの達成がどの程度KGIの達成に影響を与えるのかを常に管理する必要がある。

　この段階におけるKPI、KGIの目標設定がまさに経営における意思決定に当たる。言い換えれば、KPIを適切に設定し、正確に進捗を管理することにより効率的にKGI（売上、利益）を達成することが可能になる。IoTを活用する前は、来店率の測定に必要な店頭通行人数や来店客数、およびそれ以外の小売・サービス業で必要なKPIの一部について正確に測定する方法は限られていた。そのため、来店客数で言えば、なんとなく来店客が多くなってきた、少なくなってきたなど従業員の経験や勘に頼る部分が多かった。KPIの設定があいまいだと、それにつながるKGIの設定もあいまいになってしまう。このあいまいさが、小売・サービス業の労働生産性が長年低い状態にある1つの大きな要因と考えられている。今後はIoTシステムを活用し、いままであいまいだったKPIも正確に測定できるため、KGIの目標設定の確度も増してくるだろう。

（3）設定したKPIの達成に向けた施策を実行する

　つぎに、設定したKPIの達成に向けた施策を現場で実行する。冒頭の例で言えば、まず来店率を高めるには店頭ディスプレイなどを工夫したり、セールなどのプロモーション活動を行ったりすることが考えられる。また、店頭通行人数の多い時間帯にタイムセールを行うことなども考えられる。

　また、購買率を上げるためには販売機会のロスを減らすことも重要だ。販売機会のロスを減らすためには、売れ筋商品が常に店頭に並んでいること、また色やサイズの欠品がないことが必要である。そのためには必要な商品をすばやく店頭に出せるように倉庫内にカ

メラやセンサーを設置し、倉庫内のフロア図を映し出した画面と連動させながら、必要な商品の倉庫内での位置や数量をひと目で把握できるようなIoTシステムを導入するとよいだろう。

　前述のように、設定したKPIに対してPOSやIoTのシステムでデータ収集が可能かどうか、そしてデータから算出したKPIをどのように意思決定に活用して売上や利益の増加につなげていくかという視点が大切になる。

(4) 同業他社を分析する

　小売・サービス業では、飲食、衣料小売、美容、宿泊と業種によって管理すべきKPIが異なる。また、同じ業種であっても企業や店舗ごとの状況はさまざまである。例えば、売上を増加したい店舗、売上を維持しつつ最少の人数でオペレーションしたい店舗、またはコストを削減したいと店舗（企業）といった具合である。

　そのため小売・サービス業にIoTを提案するためにはまず、業種別のIT、ICTの最新活用動向を分析し、それを顧客の提案につなげる必要があり、そのために顧客の競合相手となる多くの店舗に実際に出向いてIT、ICTシステムの設置状況がどのようになっているかなどを自らの目で確かめることをお勧めする。書籍やインターネットでの情報収集ももちろん必要ではあるが、企業や店舗ごとに状況や目指したいことはさまざまなため、書籍やインターネットで収集した情報がそのまま顧客（企業、店舗）に当てはまるとは限らない。そのため顧客に対して柔軟な提案をできるようにするためにも、より多くの店舗（同業他社）に出向いてIT、ICTシステムの設置状況や活用状況などを調査することが大切になる。顧客の厳しい視点に立って自ら店舗を調査し、提案するためのアイデアの引き出しをより多く持つことがIoTシステムの提案では重要なことになる。

第1章　小売・サービス業をめぐる厳しい経営環境とIoTの可能性

(5) ヒアリング能力を磨く

顧客に対して実際にIoTを提案するうえで重要なことは、その企業や店舗が望む姿、また、そのために設定したKGIとKPIを詳細にヒアリングすることである。小売・サービス業へのシステム提案ではとかく、上述のような顧客が望む姿を十分に把握しないままシステムの要件定義や導入プロセスを決めがちである。その結果、システムを使うこと自体が目的になってしまい、システムがKGIの達成に結びつかないというケースが多い。それはシステムを提案するSEのヒアリング能力に原因があり、また、顧客も自身が運営する店舗の望むべき姿を具体的に描き切れていないことにも原因がある。

そのためIoTを提案するSEには、顧客が望む姿とそのために設定すべきKGI、KPIを引き出し、それに対してIoTを導入することでどのように達成に貢献できるかのストーリーを提示する必要がある。

以上のように小売・サービス業は、業種、企業・店舗ごとに人手や販売などを取り巻く状況がさまざまであり、また、望む姿や目指す目標もさまざまである。さらに小売・サービス業は、多様な要望を持つ消費者と直接接点を持つという点から製造業よりもいっそう柔軟な対応が求められる。そのためIoTシステムの導入を支援するSEには、画一的な提案ではなく、顧客の望む姿や取り巻く状況、顧客にとっての同業他社の状況を十分に把握したうえでシステムを提案、構築することが重要である。

1.4.4 **IoTと管理会計、経営戦略**

前項では、KGIとKPIの違い、KPIの達成がKGI、つまり売上、利益の目標達成につながること、そしていままで収集の難しかったデータもIoTシステムを使うことで定量的に収集でき、KPIの目標

39

設定、進捗管理、ひいては意思決定に役立つことを説明した。

　KPI、KGIの役割を経営学的な視点で言うと、KPI、KGIは企業が競争環境を勝ち抜くために立てた基本方針である「経営戦略」を実行した成果であり、KPIという非財務情報の数値管理は、会社内部で管理を行い、経営の意思決定や改善につなげる会計である「管理会計」の要素の1つである。そして、IoTを使えばKPIをより定量的かつ正確、リアルタイムに収集、分析でき、企業の「経営戦略」と「管理会計」の精度向上に役立てることができる（図1-19）。

　以降では、KPI管理を行ううえで付随する管理会計の理論である「バランススコアカード」と「活動基準原価計算（Activity-Based Costing：ABC）」、その中でも「時間主導型の活動基準原価計算（Time Driven Activity-Based Costing：TDABC）」に触れ、これらKPIをはじめとする管理会計がIoTシステムを導入することでどのように変化するか解説する。

(1) バランススコアカード

　バランススコアカード（Balance Score Card：BSC、図1-20）とは、「財務」「顧客」「業務プロセス」「学習と成長」の視点から業

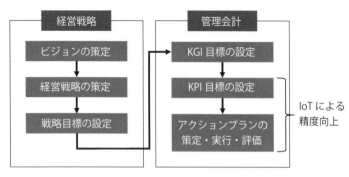

図1-19　経営戦略と管理会計

第1章　小売・サービス業をめぐる厳しい経営環境とIoTの可能性

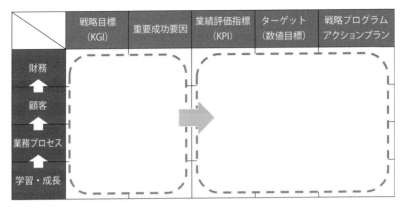

図1-20　バランススコアカード

績を評価する手法である。具体的には、「財務」の視点は株主に対してどのように行動するか、「顧客」の視点は顧客に対してどのように行動すべきか、「業務プロセス」の視点はどのような業務プロセスが必要になるか、「学習と成長」の視点はどのように組織・従業員を成長させるか、をそれぞれの基準にして業績を評価する。

そして、バランススコアカードは上述の4つの視点に対して「戦略目標」「重要成功要因」「業績評価指標」「ターゲット（数値目標）」「戦略プログラムないしアクションプラン」という5つの構成項目を持っている。つまり、バランススコアカードは、「財務」「顧客」「業務プロセス」「学習と成長」という4つの視点の軸と「戦略目標」「重要成功要因」「業績評価指標」「ターゲット（数値目標）」「戦略プログラムないしアクションプラン」という5つの構成項目の軸で構成されるマトリックス（BSCマップ）と考えることができる。5つの構成要素の中の「戦略目標」はKGI、「業績評価指標」はKPIを示しているため、バランススコアカードは、第2項、第3項で紹介したKPIによる経営管理をより厳密にしたモデルと言える。

バランススコアカードは、戦略を具体的にアクションレベルに落

とし込んでいく有効な経営ツールにも関わらず、その複雑さゆえに導入してはみたものの、導入前に期待していた改善効果がまったく見られないという失敗事例も多く見受けられる。また、バランススコアカードをシステム化することで業務負担や展開時の管理負担を減らそうとしたが、かかったのは費用だけで仕組みそのものが有機的に展開している感じがしない、また評価制度と連動させることを狙ったが、目標達成に対する難易度が高くなってしまい、逆に従業員のモチベーションが低下したなどの事例もある。

　しかし、IoTが普及し、KPIの進捗状況の取得の自動化、簡素化が進むことにより、バランススコアカードによる経営管理も普及する可能性を秘めている。ただし、バランススコアカードが本格的に普及するカギは、KPIの進捗状況の取得の自動化、簡素化に加え、経営層や幹部主導による導入、および財務視点に偏り顧客視点をおろそかにしないといったことになる。

(2) 時間主導型の活動基準原価計算（TDABC)

　時間主導型の活動基準原価計算（TDABC）の解説をする前に、その前提となる活動基準原価計算（Activity-Based Costing：ABC）について説明する。

　活動基準原価計算とは、例えば製造業で製品に共通して使われる間接費を、それぞれの製品やサービスのコストとしてできるだけ正確に配賦することによって、生産や販売活動などのコストを正確に把握しようという原価管理手法である。従来の原価計算では、製造間接費を直接労務費や直接作業時間などの基準に基づいて各製品に配賦していたが、コストの本来の発生要因とは異なるものを基準としてコストの配賦が行われる場合があった。そして間接費の割合が多い場合、各製品の計算上の収益性と実際の収益性との間に乖離が発生する。

活動基準原価計算では、間接費の配賦計算をできるだけ実態に合わせて行うという考え方に基づいて製造費を配賦する。活動基準原価計算では、アクティビティ（活動）は人件費などの資源を消費してコストを発生させ、そして個々の製品やサービスなどはアクティビティを消費しているという考え方に基づいて配賦を行う。ただ、活動基準原価計算はアクティビティのデータ収集のコストが膨大になってしまうことが課題とされてきた。正確なアクティビティデータを求めて精緻なシステムを構築しようとすれば、高コストとなってしまい、それに見合うだけの便益が得られない状況になってしまう。そのことが活動基準原価計算が採用されにくい要因となっていた。それを解消する目的で登場したのが時間主導型の活動基準原価計算（TDABC）である。

ABC（活動基準原価計算）では、それぞれの製品にかかる活動をそれぞれ見積もる必要があったが、TDABC（時間主導型の活動基準原価計算）では製品ごとに活動の識別が行われるものの、活動ごとの単位当たり予定時間を算出してそれをそのまま見積りに使用する。そうすることで従来のABCに比べ、計算構造を簡略化し、ABCの導入や運用のコストを低減させることができる。

具体的には、時間方程式とキャパシティコスト率の計算式を用いて計算を簡略化している。そして、TDABCでは活動ごとの所要時間が記入されているプロセスマップが大きな役割を果たし、プロセスの改善とコスト削減のための機会を同時に得ることができる。さらに、IoTの導入、進化によりTDABCはさらなる精緻化が可能になる。

例えば、旅館業における顧客の来店から宿泊部屋への誘導プロセスにおいて、出迎えからチェックイン、荷物を部屋へ運ぶという各プロセスがある。従来はプロセス別に示された推定所要時間を平均値でしか捉えることができなかったが、IoTの導入により日ごとの

平均リードタイム、リードタイムの分散、バラツキ、分布の大きさ、最頻値、中断時間の回数や1回当たりの時間など、非常に多様な情報を収集することが可能になる。データ収集が多様で正確になることで、プロセスマップもより精緻化でき、プロセスの非効率のもとになっているボトルネックを正確に特定できる。その結果、改善のスピードも格段に上がると考えられる。

(3) IoTによって経営管理がどう変化するか

　これまで、KPIによる経営管理および管理会計のバランススコアカードとTDABCの概要と課題、IoTの導入によりどのように変化するかを述べてきた。共通して言えるのは、経営ツールとしては有効だと認識されてきたが、その複雑さゆえに管理に時間とコストがかかり、結果として導入しない企業が多いということである。しかし、IoTを活用することでいままで有効だと考えられてきた経営ツールを効率的に運用できるようになり、より運用を精緻化させて有用なデータを自動的に収集できるようになるのである。

(4) 経営戦略を理解し、管理会計につなげる

　上述の通り、IoTは経営管理をより効率化する可能性を秘めている。しかし、システムという名前がついた瞬間、経営層や幹部はIoTシステムも含めてとかく"ハコモノ"としてとらえ、システムを導入したことに満足してしまい、導入後の運用は現場任せにしがちである。IoTシステムを構築するSEは、IoTシステムを導入することでどのように経営管理が変わるのか、そしてそれが経営者の考えているビジョンや経営戦略とどのように結びつき、どのようなプロセスでその戦略が達成されるのかについて広い視点から提案することが必要になる。言うなれば、IoTシステムは経営を根本から変える可能性を秘めているということになのである。

第**2**章

小売・サービス業に適した IoTの導入戦略

2.1 小売・サービス業の ジレンマとIoTの活用

　前章の第2節第1項では、製造業と小売・サービス業におけるサプライチェーンの違いについて述べた。以下では、小売・サービス業のサプライチェーンをさらに掘り下げ、サプライチェーンの工程別にIoT活用のメリットを解説する。

2.1.1 IoTと既存システムとの違い

　小売・サービス業、製造業といった業種に関わらず、企業間もしくは企業内の部門間で情報を連携させながらサプライチェーンを最適化、効率化させることが企業の競争力につながると言っても過言ではない。そして長年にわたってサプライチェーンの最適化、効率化を担ってきたのが、ERP（Enterprise Resources Planning）に代表されるITシステムである。ERPの最大の特徴は、調達から生産、物流、販売までのデータを一元化し、最適化することである。ただし、ERPはデータの一元化およびそのデータからコストの最適解を導き出すことには長けているが、そのデータのインプットは、過去の限られた情報や人の経験や勘に依存してきた。

　これからはIoTを活用することにより、データのインプットを人の経験や勘からセンサー・デバイスに代えることで自動かつリアルタイムに情報収集を実行できるようになる（図2-1）。

　また、ERPなどの既存のITシステムと融合させることで、サプライチェーンをさらに効率化、最適化させることができる。特に小売・サービス業は製造業に比べてIT投資が少なく、人の経験や勘による意思決定や判断の割合が大きいため、今後、IoTを活用する余地は大きいと言えよう。

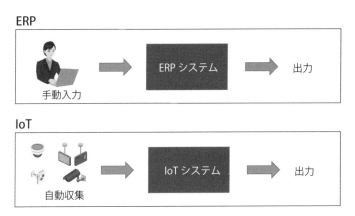

図2-1　ERPとIoTのデータインプットの違い

2.1.2　IoTでジレンマを解決する

　小売・サービス業は売上拡大とコスト削減との間でジレンマを抱え、労働生産性の向上や移り気な消費者ニーズの把握に悩んでいる。それらを解決するためにIoTはどのように役立つのだろうか。

　まずは、小売・サービス業が抱えるジレンマの解決として、最適在庫を保ちながら、店頭での欠品をなくして販売機会のロスを最小限にするための活用を考えてみよう。

　いままでは、POSシステムのデータなどから得られる販売実績と店頭を巡回する従業員の目視および経験と勘から在庫や店頭に並べる商品を決めていた。その際、巡回中に欠品を把握した場合は倉庫から欠品を補充する。ただし、POSデータの販売実績や従業員の目視、経験、勘から対応できることには限りがあり、リアルタイム性にも欠け、販売機会のロスにもつながる。また、経験や勘を持つ従業員が退職などでいなくなるというリスクもある。

　そこでIoT機器の1つである電子棚札と商品（単品）の在庫情報、倉庫内の位置情報および既存のPOSシステムを連動させれば、欠品情報を電子棚札やタブレット端末で把握できる。また、倉

庫内の位置情報とも連動させるので、補充したい商品を倉庫内で探す手間や時間も削減できる。さらに、この連動システムを発展させれば、売れている棚と売れていない棚もリアルタイムに把握でき、売上拡大につなげることができる。

つぎに、流動性の高い消費者のニーズへの対応は、その消費者が何を求めているのかをより早く、できればリアルタイムに把握することで可能になる。IoTの最大の特徴は、人に代わって消費者の近くで情報を収集できることである。より近い位置で消費者の情報をリアルタイムに収集することで、消費者が求める商品やサービスを適切なタイミングで提供できれば、流動性の高い消費者も長くつなぎ止めておくことができる。

例えば、レジの前にカメラを設置し、カメラの画像認識技術から把握した顧客情報をレジシステムと連動させる。それにより会計時にレジシステムに顧客情報をポップアップさせ、顧客情報に基づいて興味のありそうな商品を勧めたり、新商品の情報を提供したりすることで顧客の心をつなぎ止めておくことができる。

2.1.3　小売・サービス業が担うサプライチェーンの下流

第1章第2節第1項でサプライチェーンを解説したが、ここでは小売・サービス業に該当するサプライチェーンの下流について触れよう。

まず、図2-2のようにサプライチェーンの下流は「在庫管理」「仕入れ・発注」「マーケティング」「販売・アフターフォロー」に分けることができる。そして、在庫管理から仕入れ・発注までの直接顧客と接しない部分をサプライチェーンの「バックエンド」、また、顧客と直接接する部分であるマーケティングから販売・サービス、アフターフォローまでを「フロントエンド」と定義する。

これらサプライチェーンのバックエンドとフロントエンドにIoT

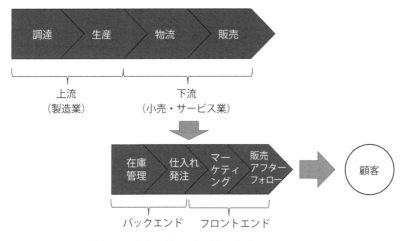

図2-2　小売・サービス業のサプライチェーン

を導入することが、これまで述べてきた小売・サービス業に特有のジレンマや経営管理についての課題を解決する有効な手段となる。実際にバックエンドとフロントエンドのそれぞれどのような業務に対してどのようなIoTを構築すれば良いのか。その詳細を以降に詳しく解説しよう。

2.2 バックエンドでのIoTの活用

　在庫管理や仕入れ・発注といった小売・サービス業のバックエンド業務は、オペレーションがある程度定型化されているものの属人的に行われているため、在庫過少による販売機会のロスや在庫過多による不良在庫の発生など、経営を圧迫するケースもある。このバックエンド業務にIoTを活用すれば正確な在庫を把握でき、また発注システムと連動させれば発注業務の精度を向上させられる。

2.2.1　在庫管理とIoT

　バックエンド業務のうち、「在庫管理」でのIoT活用について解説する。

(1) 在庫管理にIoTを活用するメリット

　小売・サービス業の在庫管理における課題は、在庫数量や保管場所の把握に時間を要することである。そこでIoTを在庫管理に導入し、在庫数量や場所をより正確に、迅速に把握することで在庫過多や販売機会のロスを削減でき、ひいては売上を増加させたりコストを削減させたりできる。また、在庫管理にIoTを導入する顕著なメリットとして、「在庫管理のリアルタイム性」「時間短縮」「精度向上」の3点がある。以下にそれらのメリットを解説する。

①在庫管理のリアルタイム性

　在庫を保管する倉庫の在庫商品数や出し入れ（ピッキング）をIoTで常時把握すれば、リアルタイム性の高い在庫管理ができる。例えば、倉庫内にカメラやセンサーを設置し、そこから収集するデータと管理画面とを連動させることで、倉庫内のフロア図を映し出した画面で、必要な商品の倉庫内の位置や数量をひと目でリアル

タイムに把握できるIoTシステムが構築できる。

②在庫管理の時間短縮

上述のようにIoTによる在庫管理は、カメラやセンサーによって在庫商品数や保管場所、ピッキング状況を常時、自動的に測定できるため、従業員が倉庫内を探索するなどの無駄な動きを削減でき、在庫管理業務に要する時間の短縮に効果が見込める。

③在庫管理の精度向上

IoTを在庫管理に活用すれば、いままで人の手によって行われていた在庫管理を全面的にシステム化できるので、人為的なミスの減少につながり、管理の精度を向上させられる。また、在庫管理の精度を向上させれば、同じように人の手で行っていた商品発注も発注システムと連動させることで自動化できるようになる。さらに、定期的に行う棚卸業務でも実在庫把握の時間短縮や実在庫と帳簿在庫の誤差解消に役立てることができる。

以上のように在庫管理にIoTを導入する3つのメリットを述べたが、在庫管理にIoTを活用すれば、いままで人の経験や勘に頼っていた業務をシステム化でき、それにより小売・サービス業の課題の1つだった効率性の悪さを克服できるのである。

(2) 在庫管理にIoTを活用した具体例

在庫管理にIoTを活用した具体的なシステム構成例を見てみよう。

①無線タグの活用

商品や商品の入った段ボールにRFID（無線識別）やBeacon（発信機）などの無線タグを取り付け、それらのタグから発信される電波（信号）をセンサーで読み取って在庫量と保管場所をPCや携帯型タブレットなどの端末でリアルタイムに把握する（**図2-3**）。従

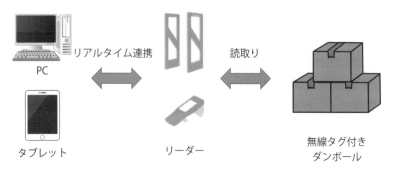

図2-3 無線タグでの読取りと端末との連携

来のバーコードと違い、それらのタグには数キロバイトの情報を持たせることができる。また、無線タグから発信される信号をリーダーで読み取る仕組みなので、タグから離れていても信号を読み取ることができ、さらに一度に複数の商品やダンボールからの信号を読み取ることができる。

② 電子はかり

電子はかりは、はかり機能を搭載したシートであり、そこに在庫を載せて重量を計ることで在庫量をリアルタイムに把握できる。電子はかりに載せる商品を決め、1個当たりの重量を登録しておけば、電子はかりで計測される重量から自動的かつリアルタイムに在庫量を把握できる（図2-4）。これは在庫管理だけでなく、棚卸しや仕入れの業務の短縮にもつなげられる。

③ 温度管理

大型店舗の店内では、空調管理がそのまま顧客の購買意欲に影響することがある。そこで温度管理をするために一般的に温度計が設置された場所まで行って確認している。その手間を省くために温度センサーを備えたIoTデバイスを店内に設置すれば、インターネッ

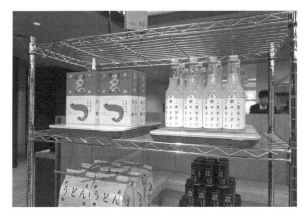

図2-4　電子はかりによる在庫管理（出典：EBILAB「スマートマット」）

図2-5　温度センサーによるコントロール

ト経由で常時店内の温度を管理できる。また、温度変化と連動させて空調をリアルタイムに自動調整させれば、顧客に快適な店内環境を提供することが可能になる。

　また、HACCP（ハサップ）の義務化により、レストランの厨房内の冷蔵庫やスーパーマーケットの冷蔵ケースなどの食材に対して適切な温度管理が求められている。そこで、温度センサーを備えたIoTデバイスを冷蔵庫、冷凍庫、厨房に設置して温度を常時管理する（図2-5）ことで手書き記入などの管理の手間を省け、また遠隔

からでも温度の変化に迅速に対応できる。

2.2.2 仕入れ、発注業務とIoT

　前項で解説したようにIoTで在庫管理を効率化できれば、さらに仕れ、発注の業務も効率化できる。以下にバックエンド業務における「仕入れ、発注」でのIoT活用について解説する。

(1) 仕入れ、発注業務にIoTを活用する効果

　仕入れ、発注業務は、従来から発注システムに組み込まれている。しかし、実際にはPOSシステムなどから収集さる在庫や販売データをもとに、従業員の経験と勘から発注量が決められている。特に小売・サービス業では、扱う商品のデザインやサイズ、色などのバリエーションが豊富であり、また食品を扱う場合は賞味期限など商品のライフサイクルが短いため、仕入れ、発注業務に多くの時間が割かれる。

　そこで前述のIoTで収集した在庫データを仕入れ、発注システムと連動させれば、仕入れ、発注業務をより効率化でき、従業員の経験と勘に頼らないシステマティックな仕入れ、発注業務を実現できる。具体的には以下の2つの効果が見込まれる。

①仕入れ、発注業務の効率化

　IoTを活用した在庫管理システムとAI（人工知能）などを活用した仕入れ、発注システムとを連動させることで、発注業務に割かれる時間を削減できる。また、煩わしい仕入れ、発注業務から従業員が解放されることにより、小売・サービス業の本来の業務である消費者との直接接点＝接客業務に集中できる。また、仕入れ、発注業務から解放されることで従業員の残業時間も削減できる。

②ロスの削減

　正確かつリアルタイム性の高い在庫情報をもとにして発注を行うため、無駄な発注を削減でき、在庫過多の抑止につなげられる。また、在庫過多や発注精度の悪化による廃棄ロスも低減でき、廃棄業務やコストを削減できる。さらに、年に数回行う棚卸業務でも、IoTシステムによるリアルタイムな在庫管理によって作業工数の低減が図れる。

　以上のように、IoTを活用した在庫管理システムと発注システムとを連動させることで、既存の業務オペレーションを大きく変化させることなく仕入れ、発注業務の効率化を図ることができる。

(2) 仕入れ、発注業務にIoTを活用した具体例

　仕入れ、発注にIoTを活用した具体的なシステム構成例を見てみよう。

①自動発注システム

　図2-6のように、IoTを活用した在庫管理システムとAIで適正在庫量を計算するシステムとを連動させることで自動発注システムを構築できる。

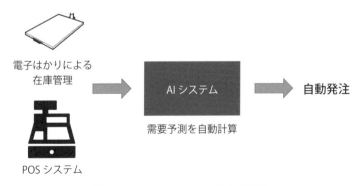

図2-6　AIシステムによる自動発注

②棚卸の効率化

　棚卸業務は企業の一大イベントである。特に、小売・サービス業は商品点数が多く、その種類も多岐にわたるため、棚卸業務には多くの工数を要する。

　そこで、既述のRFIDタグ・BeaconタグなどのようなIoTを活用した在庫管理システムをうまく用いれば、棚卸業務の効率化を図ることができる。さらに、段ボールが流れるベルトコンベアを倉庫内に設置し、RFIDタグ付きの段ボールがセンサーを通過すると同時に商品の中身を読み取るシステム、また、ロボットなどの移動機器で自動的に商品を読み取るシステムなど棚卸業務を効率化させるシステムがある。

2.2.3　フロントエンドとのつながりを考慮する

　在庫管理や仕入れ、発注業務などバックエンドには定型業務が多いため、次節で述べるマーケティングや販売、サービス、アフターフォローなどのフロントエンドに比べればIoTを適用しやすいのではないだろうか。また、業種は異なるが製造業では、部品などの在庫管理や仕入れ、発注業務でIoT管理が進んでいるため、小売・サービス業のバックエンドでもそれを応用した形でIoTの導入が可能である。

　ただし、バックエンドだけ効率化しても、サプライチェーンの後に続くフロントエンドにつながらなければ効果も限定的になる。バックエンドへのIoTの導入を進めるうえで、フロントエンド業務への影響も考慮して設計、導入を進める必要がある。

第 2 章　小売・サービス業に適した IoT の導入戦略

2.3 フロントエンドでのIoTの活用

　小売・サービス業におけるマーケティング、販売・サービス、アフターフォローは、消費者の行動や趣向が多岐にわたるために膨大な情報を取捨選択しながら実施する必要がある。いままではフロントエンド業務は従業員の経験や勘に頼ってきたが、現在では、ビッグデータやIoT、AIの発展により、多岐にわたる消費者情報をさまざまな角度からデータとして収集し分析できるようになった。そこで以下では、フロントエンドにIoTを活用することで消費者の多様なニーズや欲求をいかに把握して売上拡大につなげるかを解説する。

2.3.1　マーケティングとIoT

　IoTによって商品や顧客とインターネットを介してつながることで、マーケティング分野でもいままで収集できなかった消費者情報（データ）を収集・活用できるようになる。フロントエンド業務における「マーケティング」でのIoT活用について解説する。

(1) IoTをマーケットに活用するメリット

　まず、IoTから収集できるデータをマーケティングに活用するメリットについて述べる。

①フィジカルなデータが収集できる

　IoTはモノや人をインターネットにつなげる技術である。それにより、いままでは取得できなかったデータも集められるようになる。マーケティングではこれまでも人の行動データを収集していたが、収集できたのはネット上で取得できる範囲に限られていた。例えば、ウェブページのアクセス数やページ当たりの滞在時間などを

57

収集し、「Google Analytics」（グーグル・アナリティクス）などの分析ツールを利用してデジタル施策に役立てるといったものである。

ところが、IoTを活用することにより、ネット上の接点だけでなく実店舗における顧客の身体的行動、つまりフィジカルなデータも収集できるようになる。例えば、顧客が店舗に来店してどのような動線で移動したか、またその途中でどの商品を手に取り、どの商品を購入したかなどの情報を収集でき、さらにリアルタイムでデータを保存、分析できるようになる。

②需要と供給のバランスを効率化する

IoT技術の発展により、商品やサービスの需要と供給をリアルタイムにかつ効率的にバランスさせることができる。例えば、商品を探している顧客の需要と店舗の在庫状況をリアルタイムにマッチングさせればスムーズに商品を提供できる。この考え方は店舗だけでなくタクシーの配車サービスや駐車場への誘導サービスなどにも活用されている。

(2) マーケティングにおける活用事例

マーケティングにおけるIoTの活用は多岐にわたり、かつさまざまなアイデアによって活用範囲はさらに広がる。以下にその活用事例を解説する。

①顧客動線

店舗の天井に人感センサーを取り付け、顧客の動線データを収集する。そして、収集した動線データをPCやタブレットのフロア図に表示させることで、動線データの重複や濃淡の具合を参考に商品や棚の位置を変更し、販売機会のロスを削減できる（図2-7）。

第 2 章　小売・サービス業に適した IoT の導入戦略

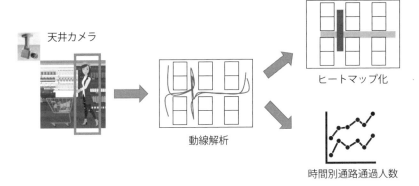

図2-7　店舗内の顧客動線解析

②インターネット店舗と実店舗の管理の一元化

　最近は実店舗とインターネット店舗の両方を運営している企業も多い。そこで重要なのが実店舗とインターネット店舗の統合管理である。インターネット店舗はウェブサイトを介して運営（開店）しているので、アクセス数や滞在時間、購買率などのデータを収集・分析できる。一方、実店舗のデータはいままで収集が難しかったが、現在ではIoTを活用すれば収集が可能になる。

　実店舗とインターネット店舗の両方を運営している際に課題となるのが統合管理である。つまり両方の店舗の顧客を統合管理することである。例えば、インターネット店舗だけを訪れる顧客、実店舗だけを訪れる顧客、両方の店舗を訪れる（活用する）顧客のそれぞれの割合はどれくらいか、また、性別や年齢などで特徴はあるのかなどの情報を収集して統合することである。

　そして、統合したらそのデータをもとにマーケティングアクションを起こす。具体的には、インターネット店舗、実店舗のそれぞれの新規顧客を対象に一斉にクーポンなどのインセンティブを付与し、付与状況や購入状況を一元化する。また、インターネット店舗のみを活用している顧客に対して実店舗でしか購入できない商品を

案内する。さらに、インターネットと実店舗の両方を活用している顧客の行動特性を分析し、片方しか利用していない顧客に対しては両方活用してもらえるように促すような施策を考える。

IoTにより、インターネット店舗のデータと遜色ないデータを実店舗でも収集できるようになり、販路や販売の拡大を図れる。

2.3.2 販売、サービスとIoT

IoTによって商品や顧客とインターネットを介してつながることで、収集したデータをマーケティングだけでなく実際の販売や接客にも活用でき、売上拡大につなげることができる。

(1) IoTを販売、サービスに活用するメリット

IoTから収集できるデータを販売、サービスに活用するメリットについて以下に述べる。

①顧客へのタイムリーな提案

これまでの実店舗では、来店した顧客が誰で、どんなニーズや要望を持っているのかを客観的に捉えたうえで接客するのが難しく、結局は従業員の経験と勘に頼った接客をせざるを得なかった。しかし、IoTを活用すれば来店した顧客を特定したうえ、過去に来店した際の購入実績（データ）と照合することで、顧客のニーズに合った提案がすぐにできる。また、店内での顧客の動き（動線）を位置情報（データ）として収集し、リアルタイムで解析すれば、顧客に合ったタイムリーな接客や提案ができ、最終的に売上の増加につなげることができる。

②従業員の作業工数削減

販売におけるレジ作業は、従業員の全作業の工数の中でも大きな割合を占める。そこで例えば、レジに画像認識用のカメラを設置

し、スマホなどの決済アプリと連動させれば無人レジを実現できる。また、電子棚札を活用し、その棚札と決済のQRコードを連動させれば、レジを通過しなくても決済を完了させられるシステムを構築できる。

このようにIoTを活用することで従業員のレジ業務を大幅に削減でき、その分を本来の業務である接客に充てることができれば、昨今の課題である人手不足への対応にもできる。

販売、サービスにIoTを活用すれば、売上の増加と従業員の工数（コスト）削減の両面で非常に大きな効果が期待できる。

(2) 販売、サービスにおける活用事例

販売、サービスのIoT活用では、業種、業態によってさまざまな試みがなされている。以下にその活用事例を解説する。

①店内での顧客認識（図2-8）

レジの前や店舗の天井にカメラを設置して画像認識システムと連動させる。それによりリアルタイムに顧客を特定し、その顧客の

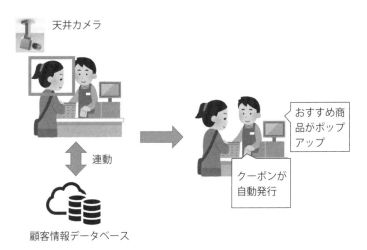

図2-8　レジ前での顧客の認識とサービス

ニーズに合った商品を勧めることができる。また、画像認識システムを活用して決済アプリと連動させれば、無人レジシステムも構築できる。

②スマートミラー

　スマートミラーとは、センサーやカメラで撮影された画像とインターネット情報を連携させることで顧客にさまざまな提案を行う機器のことである。このスマートミラーを小売・サービス業で活用すれば、顧客にさまざまな提案ができるようになる。

　例えば、アパレルショップの試着室にスマートミラーを設ければ、実際に着なくても試着した際のイメージができるバーチャルフィッティング（仮想試着）に利用できる。また、顧客に試着をイメージさせるだけでなく、店側としても仮想試着してもらいながら、在庫管理システムと連動させることでサイズの有無を確認できる。

　また、美容室にスマートミラーを導入すれば、顧客の姿にカットした髪型の画像を合わせることで、カット前のイメージを映し出すことができる。さらに、その顧客の過去の髪型の画像と変遷も映し出したり、カットまでの待ち時間にインターネットの動画サイトを見せたりすることもできる。

③フロント管理システム

　ホテルや旅館などのフロントに自動のチェックイン・チェックアウトシステムを構築できる（図2-9）。宿泊業のチェックイン・チェックアウト業務は従業員にとって大きな工数となり、かつ繁忙時には顧客を待たせる要因になるなど顧客満足の悪化にもつながってしまう。自動チェックイン・チェックアウトシステムはそれらの解決につながる。

④オートキーシステム

　フロント管理のほかに、ホテルや旅館の部屋の鍵管理にもIoTの技術が活用できる。例えばオートキーシステムは、チェックイン時に宿泊客に渡す部屋の鍵をQRコードなどで発行し、宿泊客はスマホを利用してそのQRコードを部屋のドアのリーダー部に読み込ませて開錠する仕組みである（図2-10）。オートキーシステムを導入することで、宿泊客は入室がスムーズになり、旅館・ホテルも鍵の管理や受け渡しなどの手間を省けるようになる。

⑤電子棚札

　電子棚札とは、小売店の商品棚に表示される価格などの棚札をデジタル表示するものである。価格変更をインターネットから遠隔で操作できるので、従業員が手動で変更する作業の工数を削減できる。また、時間差もほとんどなく一斉に変更できるため、変更ミスも少なくなる。その日の競合店との価格差または需給の状況に応じて柔軟に価格変更を行える。

図2-9　ホテルの自動チェックイン・
　　　　チェックアウトシステム
　　　　（出典：品川プリンスホテル「セルフ
　　　　チェックイン・アウト機」）

図2-10　ホテルのオートキーシ
　　　　ステム（出典：シブタニ
　　　　「フレグリート」）

電子棚札は、顧客満足度を高めるためのさまざまな活用が可能になる。例えば、決済システムと連動したQRコードを電子棚札に表示させることにより、クーポンの発行やその場での決済が可能になる。電子棚札と店舗での位置情報を連動させれば、顧客はアプリで自分のほしい商品がどの場所にあるのかを検索できる。企業側は電子棚札と顧客の動線情報を連動させ、売れている位置と売れていない位置を分析して商品配置を変更できる（図2-11、図2-12、図2-13）。

⑥駐車場サービス

店舗の駐車場に小型のセンサーを設置し、空き状況をスマホのアプリを通じて顧客に提供する（図2-14）。それにより顧客のスムーズな来場を促すことができ、駐車場の稼働率を上げることができる。

2.3.3　アフターフォローとIoT

サービス業では販売やサービス提供した後のアフターフォローが

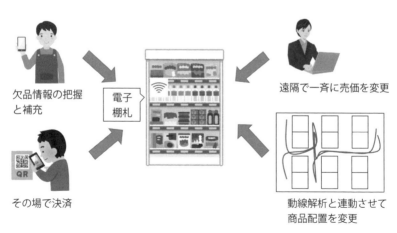

図2-11　電子棚札の活用例

第 2 章　小売・サービス業に適した IoT の導入戦略

図2-12　電子棚札
（出典：パナソニック「電子棚札」）

図2-13　電子棚札
（出典：パナソニック「電子棚札」）

図2-14　駐車場サービス

欠かせない。アフターフォローを充実させることでリピーターやロイヤルティの高い顧客を増やし、安定的な売上の確保や増加につなげられる。

(1) IoTをアフターフォローに活用するメリット

　IoTから収集できるデータをアフターフォローに活用するメリットを以下に述べる。

①リピーター、優良顧客の増加

　アフターフォローは、顧客に自社の製品・サービスへの理解を深めてもらい、さらに製品・サービスの活用を促すことでリピート購入や継続的なサービスの購入につなげる行為のことである。アフ

65

ターフォローを適切に行うためには、顧客の購買履歴や行動情報から顧客が求める要望を予測し、適切な提案を行うことである。IoTの活用で顧客の商品の利用状況をよりリアルタイムに把握できるため、タイミングよく顧客に適切な提案を行え、それにより顧客満足とリピーターの獲得につなげられるのである。

②解約の抑止

どんなに優れた商品・サービスであっても、一定数の解約は避けられない。しかし、適切なアフターフォローによって解約率を引き下げることは可能である。それもIoTを活用したリアルタイム情報に基づくアフターフォローを行えば、解約率を下げる効果の増大につながることだろう。

(2) アフターフォローにおける活用事例

アフターフォローへのIoTの活用も業種、業態ごとにさまざまに試みられている。以下にその活用事例を解説する。

①従業員の位置情報管理

旅館、ホテルの清掃業務や顧客への訪問活動もアフターフォローに該当する。例えば、旅館やホテルのチェックアウト情報と部屋の清掃を行う従業員が持っているスマホの位置情報を連動させれば、従業員の移動距離が最短になるように部屋の清掃順序を最適化し、つぎの清掃部屋の指示を自動的に行うことができる（**図2-15**）。

②自動発注機能

建設機械大手の小松製作所は、建設機械（建機）にIoT機器を取り付け、位置情報や車両情報を通信で取得し、建機や部品の保守管理と省エネ運転サービスとして「KOMTRAX（コムトラックス）」を提供している。それの応用を小売・サービス業でも展開できる。

例えば、自宅や法人に備えているウォーターサーバーや食品・飲料の自動販売機にIoTを設置し、使用状況や在庫状況をリアルタイムで把握する。そして、その情報を発注システムと連動させることで自動発注を行うことができる。

また、従業員が巡回して商品を補充する場合、在庫状況を詳細に把握できるので必要なところに最短ルートで在庫補充を行うことが可能になる。

2.3.4　フロントエンドでのIoTの可能性

マーケティング、販売・サービス、アフターフォローなどのフロントエンドへのIoTの活用は、まだまだ発展途上段階にある。逆に言えば、技術動向を適切に捉えて導入することで、他の企業や店舗と比較して競争優位を築くことも可能である。

業務の効率化、労働力の確保、人の経験や勘では収集できなかったデータの収集、その分析による新しい戦略立案など、属人化したオペレーションから脱却し、現在抱えるさまざまな課題を解決することも可能になる。

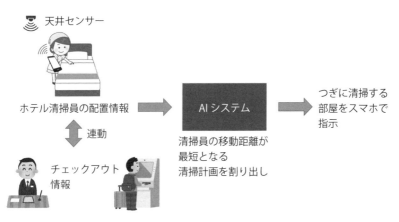

図2-15　ホテル清掃員の位置情報管理

2.4 業種別のIoT活用チャート

　本章では、小売・サービス業のサプライチェーンをバックエンド（在庫管理、仕入れ・発注）とフロントエンド（マーケティング、販売・サービス、アフターフォロー）に分けてIoTの活用メリットと活用事例を解説した。

　また、小売・サービス業を飲食、衣料小売、美容、宿泊の4業種に分類し、バックエンドとフロントエンドでIoTにどのような活用シーンが考えられるかを**図2-16**にチャートで示す。

　4業種以外でも派生形として活用できることも多いため、ぜひ参考にしてほしい。

	在庫管理	仕入れ・発注	マーケティング	販売・サービス アフターフォロー
飲食業	・無線タグ ・電子はかり ・温度センサー（冷蔵庫）	・無線タグ ・電子はかり →食材自動発注システム	・カメラ、センサー →店頭道路通過人数	・カメラによる顧客認識 ・温度センサー（室温） ・端末での卓上注文、決済
衣料小売業	・無線タグ ・電子はかり ・センサー、カメラ →倉庫の位置情報表示	・無線タグ ・電子はかり →商品自動発注システム	・センサーによる顧客動線解析 ・インターネット店舗との連動	・カメラによる顧客認識 ・温度センサー（室温） ・スマートミラー ・電子棚札
美容業	・無線タグ ・電子はかり ※消耗品管理	・無線タグ ・電子はかり →消耗品自動発注システム	・カメラ、センサー →店頭道路通過人数	・カメラによる顧客認識 ・温度センサー（室温） ・スマートミラー
宿泊業	・無線タグ ・電子はかり ・温度センサー（冷蔵庫） ※食事提供サービス	・無線タグ ・電子はかり →食材自動発注システム	・室内端末による案内表示	・カメラによる顧客認識 ・温度センサー（室温） ・自動チェックイン、アウト ・オートキー ・センサー（清掃員管理）

図2-16　業種別IoT活用チャート

第 **3** 章

小売・サービス業のための
IoTを構築する

3.1 小売・サービス向けIoTシステムの基本アーキテクチャーと構成要素

本章では、小売・サービス向けIoTシステムを構築するうえでの基本的なアーキテクチャーとその構成要素について解説する。

3.1.1 IoTシステムの基本アーキテクチャー

IoTシステムの基本アーキテクチャーは、センサーからデータを収集してシステムに送信するまでを担う「フィールド層」、クラウドシステムにデータを格納した後、保存、加工、分析を担う「プラットフォーム層」、フィールド層とプラットフォーム層を支え、セキュリティの役割を担う「オペレーション層」の3つの層から構成される（図3-1）。

3.1.2 基本アーキテクチャーの構成要素とその役割

IoTシステムの基本アーキテクチャーを構成する3つの層（要素）の役割を以下に解説する。

(1) フィールド層

フィールド層は、外部からデータを収集し、それをネットワーク

図3-1　フィールド層、プラットフォーム層、オペレーション層から構成される基本アーキテクチャー

に送信する役割を担う。そのためフィールド層の機能は、**図3-2**のように各種センサーからデータを収集する「デバイス」、デバイスを制御する「ファームウェア」、収集したデータを送信する「ネットワーク」の3つから構成される。

(2) プラットフォーム層

　プラットフォーム層は、フィールド層から送られたデータを格納、管理、分析、活用する役割を担う。プラットフォーム層は**図3-3**のように、データを格納、管理する「クラウド」、格納したデータを分析、活用する「アプリケーション」の2つの機能で構成される。

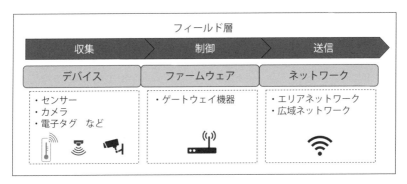

図3-2　フィールド層の役割と機能

図3-3　プラットフォーム層の役割と機能

(3) オペレーション層

オペレーション層は、フィールド層とプラットフォーム層を管理する役割を担う。データをネットワークに安全に流すための監視や認証などセキュリティが主な機能である（図3-4）。

3.1.3 アーキテクチャーの重要性

IoTシステムのアーキテクチャーモデルは、GE（ゼネラルエレクトロニクス）を中心に取りまとめられた米国の「IIC（Industrial Internet Consortium）」やドイツの推進する「RAMI（Reference Architecture Model Industrie4.0)」など各国で独自に定義されている。このアーキテクチャーはIoTシステムの構築にとってとても重要である。

なぜIoTシステムにアーキテクチャーが重要なのだろうか。それは、ERPやPOSなど既存のシステムだと、これまでつながっていなかったデバイスなどを通信技術でつなげていくため、つなげるデバイスが多くなればその分規格も増えてしまい、結果として調整や標準化が煩雑になるからである。また、つながるデバイスが多くなればそれに関わる企業やベンダーも増えていき、多様な関係者でシステムの構造を共有しなければならないことからも、アーキテク

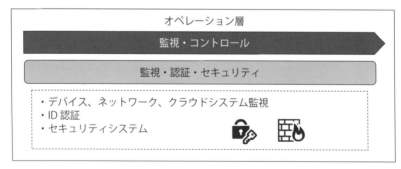

図3-4　オペレーション層の役割と機能

チャーのフレームワークが重要になるのである。IoTシステムを提案するSEには、関係者に対してアーキテクチャーモデルに従った俯瞰図の説明が求められる。特に小売・サービス業は個人情報を扱うことが多いため、オペレーション層での監視、認証、セキュリティに関する抜け、漏れは必ず避けなければならない。

3.1.4 小売・サービス業におけるアーキテクチャー

基本アーキテクチャーとそれを構成する3つの層（フィールド層、プラットフォーム層、オペレーション層）について小売・サービス業の場合を見てみる。第2章で述べた顧客認識システム（61ページ参照）を例に解説する。

図3-5に顧客認識システムのアーキテクチャーを示す。各層の役割（機能）とそこでのデータの流れは以下のようである。
①レジの前の天井に設置した人感センサー付きネットワークカメラ

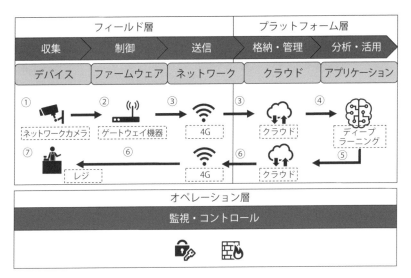

図3-5　顧客認識システムのアーキテクチャー

で並んでいる人の顔の画像データを収集する。

②収集した顔の画像データをゲートウェイ機器に送信する。

③ゲートウェイからのデータを広域ネットワーク（4G）でクラウドシステムに送信する。

④クラウドシステムでデータのクレンジングとディープラーニングによるデータの処理を行う。

⑤既存の顧客かどうかを、クラウドシステムの顧客情報と突き合わせて分析する。

⑥既存の顧客であれば、過去の購入履歴から分析したおすすめ商品の情報、もしくは個別のクーポン情報を広域ネットワーク（4G）経由でレジシステムに送る。

⑦レジの画面におすすめ商品がポップアップされ、クーポンレシートが発行される。

　こうした流れの中でオペレーション層では、ネットワークカメラ、広域ネットワーク（4G）、クラウドシステムのそれぞれで認証や監視などのセキュリティを実行する。

　次節以降では、フィールド層、プラットフォーム層、オペレーション層それぞれの技術的要素を詳しく解説する。

3.2 データの入口となるフィールド層のアーキテクチャー

まず、デバイス、ファームウェア、通信ネットワークから構成され、データ（情報）の入口となるフィールド層のアーキテクチャーを解説する。

3.2.1 フィールド層の全体構成

フィールド層は、収集、制御、送信の役割を担い、それぞれの役割をデバイス、ファームウェア、通信ネットワークの技術で実行している（図3-6）。

以下では、フィールド層を構成する技術であるデバイス、ファームウェア、通信ネットワークを具体的に解説する。

3.2.2 フィールド層を構成する技術の役割

(1) デバイス

IoTの「things」（モノ）に該当するのがデバイスであり、機器同士をローカルネットワークやインターネットで接続し、センサーを介して情報をやり取りする機器の総称である。なお、センサーと

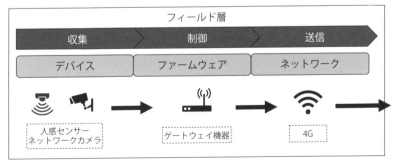

図3-6　フィールド層を構成する技術

は、自然現象や人工物の状態などの物理現象を科学的原理を応用して読み取り、電気信号に変換して出力する部品のことである。

スマホやタブレットもさまざまなセンサーが組み込まれた機器であることからデバイスの1つと言える。既述の顧客認識システムで使用されるネットワークカメラもデバイスである。デバイスを構成するセンサーには、人感センサーなどに使用される「光（赤外線）センサー」、IoT機器の代表格であるスマホに使われる「加速度センサー」「磁気センサー」「照度センサー」「ジャイロセンサー」「GPSセンサー」「近接センサー」「温度センサー」「圧力センサー」などがある。センサーはIoTシステムで情報を取得するための入口であり、人手を介さず自動的に情報を収集できる。主なセンサーとその役割を図3-7に示す。

小売・サービス業で顧客の動きをリアルタイムに把握したいのならば人感センサー（図3-8）を用いると良い。また、顧客の動きだけでなく顧客の特定を目的とするのであればネットワークカメラ（図3-9）を使う必要がある。

分類	役割	用途
光（赤外線）	光を計測する	人感センサー
イメージ	画像を読み取る	デジタルカメラ、デジタル複合機、スキャナ
加速度	動きの方向と速度を計測する	スマートフォン、ゲーム機のコントローラ、エアバッグ
圧力	外部からの力を計測する	電子はかり
温度	温度を計測する	温度計
磁気	地磁気を計測する	スマートフォン
GPS	GPS衛星の信号を受け、現在位置を示す	スマートフォン、カーナビゲーション

図3-7　センサーの種類と役割、用途

第 3 章　小売・サービス業のための IoT を構築する

図3-8　無線人感センサー（出典：アイテック「無線人感センサー（ERMINE）」）　　図3-9　人感センサー搭載ネットワークカメラ（出典：パナソニック「ネットワークカメラ（BB-SC384B）」）

（2）ファームウェア

　ファームウェアとは、デバイスを制御するためのマイコンおよびそのプログラムの総称である。ファームウェアの主な役割は2つある。1つはデバイスの制御、もう1つはクラウドなどと情報のやり取りをするためのモデム（変復調装置）制御やプロトコル（ネットワーク通信に関する規約）処理である。IoTでは無線通信が前提となっているため、モデム制御やプロトコル処理は重要になる。

（3）無線通信ネットワーク

　IoTの無線通信ネットワークは2種類ある。
- デバイスとファームウェアをつなぐ「エリアネットワーク」
- デバイスから収集した情報をクラウドへ送る「広域ネットワーク」
　それぞれの無線通信ネットワークの種類と特徴を以下に解説する。

①エリアネットワーク

　デバイスとファームウェアをつなぐ比較的近距離のエリアネットワークにはさまざまな回線がある。エリアネットワークの回線は、

通信距離、伝送データ量、伝送速度、周波数などでそれぞれに違いがあるため、目的に応じた選択が必要になる。回線の種類と特徴は図3-10のようである。以下に詳しく解説しよう。

（ⅰ）ZigBee（ジグビー）

「ZigBee」（ジグビー）は、センサーネットワークを主目的とする近距離無線通信規格の1つである。無線通信距離が30～100mと短く伝送速度も低速だが、無線機器やシステムを安価に構築でき、消費電力も少ない。家電のリモートコントロール（リモコン）やヘルスケア機器などに活用されている。

（ⅱ）Bluetooth（ブルートゥース）

「Bluetooth」（ブルートゥース）は、1998年にエリクソン、IBM、インテル、ノキア、東芝の5社によって策定された近距離無線通信規格の1つである。現在は、最新バージョンとして「Bluetooth5.0」があり、伝送速度、送信出力などが拡張され、より

	ZigBee	Bluetooth （ブルートゥース）	Wi-SUN （ワイサン）	RFID
利用用途	センサーネットワーク	スマホ、PCとの接続	スマートメーター	電子タグ
通信距離	30～100m	1～100m	～500m	数m
最大通信速度	100Kbps	2.1Mbps	200Kbps	－
セキュリティ規格	128bit AES	64/128bit AES	128bit AES	－
無線規格	IEEE802..15.4 (b)	IEEE802..15.1	IEEE802..15.4g	ARIB-STD-T108
最大接続数	65,536台	7台	1,000台	－

図3-10　エリアネットワークの種類と特徴

速くかつより遠くに通信できるようになっている。

　Bluetoothは、PCのワイヤレスマウス、キーボードやスマホなどに活用されている。また、Bluetoothを活用したタグ型のBeacon*端末をモノに取り付け、スマホと連動させることで盗難防止に役立てたり、駅や空港、ショッピングモールなどのGPSが利用できない施設にBeacon端末を設置し、スマホなどと連動させたりすることで顧客や従業員の位置情報を取得している。Beacon端末からも情報を受信できるため、今後の小売・サービス業で活用が広がると予想される。

＊Beacon（ビーコン）とは、低消費電力の近距離無線技術である「Bluetooth Low Energy（BLE）」を利用した位置特定技術であり、その技術を利用してBLE信号を発する発信機でもある。スマートフォンが普及してBluetooth信号を受信できる端末が増えたため、Beaconの活用される場面が増えている。

（iii）Wi-SUN（ワイサン）
　「Wi-SUN」（ワイサン）は、スマートメーターやHEMS（Home Energy Management System）での使用を想定して策定された無線通信規格である。情報を収集・制御した場所から通信するという用途を想定しているため、ある程度の遠隔からでも通信が可能になっている。また、乾電池を使用した場合は約10年間使用できるという省電力性も大きな特徴である。

　スマートメーターやHEMSのみならず、長距離通信が可能という特徴から、野外イベントやインフラ施設の監視、制御に期待されている。今後は小売・サービス業でもイベント会場や大規模施設での活用が見込まれる。

（iv）RFID
　「RFID」（Radio Frequency Identifier）は、ID情報を埋め込んだ無線タグ（図3-11、図3-12）から比較的近距離の通信を行う無線

図3-11　RFIDタグ（小型品管理用）　　図3-12　RFIDタグ（衣類品管理用）

通信規格である。その特徴は、書込み、書換えが可能で読取り範囲が広く、かつ複数を読み取れることである。交通機関の乗車カードや社員証などに導入されている。また、市民マラソンなどのタイム計測では、ゴール地点に測定機器を設置し、靴などにセミアクティブ型RFIDを取り付けて計測している。

②広域ネットワーク

　離れた地点間を通信で結ぶ広域ネットワークには、セルラーと「LPWAN（Low Power Wide Area Network）」という大きな2つの規格がある。さらにセルラーは「3G」「4G」「5G」に分けられる（図3-13）。

（ⅰ）3G

　第3世代移動通信システムを「3G」と言う。3Gは、ITU（国際電気通信連合）が定めた「IMT-2000標準」に準拠した無線通信規格であり、アナログ、デジタルに次ぐ3世代目という意味がある。携帯電話で用いられるように通信距離の長いことが特徴である。IoTの活用としてはまず携帯電話やスマホが挙げられる。また、モジュール型、USB型などの通信機器としても広く利用されている。

	3G	4G（LTE）	5G
用途	デバイス ゲートウェイ	デバイス ゲートウェイ	デバイス ゲートウェイ
通信速度	下り：〜42Mbps 上り：〜5.7Mbps	下り：〜300Mbps 上り：〜50Mbps	下り：〜20Gbps 上り：〜10Gbps

図3-13　広域ネットワーク（セルラー）の用途と通信速度

（ⅱ）4G

「4G」は3Gを発展させた方式であり、ITUが定める「IMT-Advanced規格」に準拠する無線通信規格を言う。通称は「LTE」（Long Term Evolution）。

4Gの特徴は、3Gと比較して高速、大容量通信が可能になったこと、また認証に際して位置登録とパケット接続要求が同時にできるようになったために低遅延なことである。用途は3Gとほとんど変わらない。また、3G同様にモジュール型（図3-14）、USB型（図3-15）などの通信機器としても広く利用されている。

（ⅲ）5G

「5G」は、2020年にサービスが開始される予定の無線通信規格で

図3-14　モジュール型通信機器
（出典：QUECTEL）

図3-15　USB型通信機器
（出典：グリーンハウス）

ある。その特徴は4Gに比べ大幅に高速、大容量の通信が可能になることである。4Gでは下り（受信）の速度が数百Mbps（bite per second：1秒間当たりのバイト数）だったものが、5Gでは下りの速度が10〜20Gbpsと大幅に高速化される。今後の自動運転、ドローン、遠隔医療などへの活用が見込まれ、IoTへの導入も急速に進んでいくと見込まれる。

（iv）LPWAN（Low Power Wide Area Network）

「LPWAN（Low Power Wide Area Network）」は文字通り、従来のセルラー方式で課題だった消費電力を抑えながら、遠距離通信ができる無線通信規格である。セルラーに比べて約10分の1の電力で遠距離通信ができる一方、通信速度や通信容量に関してはセルラー方式に劣る。センサーであれば数バイト程度の容量で通信できるため、今後のIoTへの活用が見込まれ、特に農業、防犯・防災の監視などへの活用が期待されている。

3.2.3　フィールド層の構築ポイント

フィールド層を構築するうえでの技術の基本とポイントを解説する。

（1）デバイスの構成

フィールド層を構築するに当たってまずはデバイスを選定する。デバイスの通信方法は主に以下の3つの種類に分けられる。

①センサーとファームウェアが一体化され、デバイスがクラウドシステムと直接通信する（図3-16）

この通信方法では、センサーでデータを収集し、そのデータをデバイスに内蔵されたマイコンで処理し、同じく内蔵の通信モジュールでクラウドシステムに送る。これが一般的な通信方法である。

図3-16　センサー、ファームウェア一体型の通信

②センサーとファームウェアが分かれ、ファームウェアがクラウドシステムと直接通信する（図3-17）

　センサーとファームウェアとを分けて通信する方法である。この通信方法では、センサーで収集したデータをBluetoothやZigBeeなどのエリアネットワーク通信でファームウェアに送り、ファームウェアで処理した後にクラウドシステムに送る。この通信方法にすると、センサーを高精度のものに変更できるなど構成の柔軟性を高めることができる。

③複数のデバイスがゲートウェイを介してクラウドシステムと通信する（図3-18）

　これは、センサー／ファームウェア一体型の複数のデバイスで収集したデータを一旦ゲートウェイに集め、ゲートウェイからクラウドシステムにデータを送る通信方法である。

(2) デバイスの選定

　本章の第2節第2項でも述べた通り、どのようなデータを収集す

図3-17　センサー、ファームウェア分離型の通信

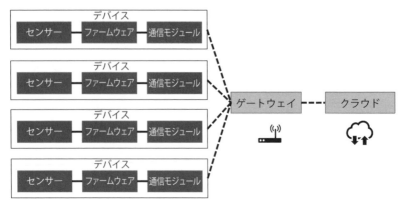

図3-18　ゲートウェイ型の通信

るかによって選定するデバイスの種類も異なってくる。以下に、人感センサー、イメージセンサー、温度センサー、湿度センサー、圧力センサー、音声センサーについて説明する。

①人感センサー

　人感センサーとは、人に反応して機器を動かすためのセンサーの総称である。日常生活でも自動ドアや玄関の照明などに広く使われている。人感センサーは主に赤外線センサーを使用しており、センサーが人を感知した時だけ機器が動く仕組みになっている。

　人間を含む物体は、絶対零度でない限り赤外線を発しており、また、その物体が持つ温度によって赤外線の量が異なる。温度が高いほど多くの赤外線を発し、赤外線センサーは、その物体の発する赤外線を感知して電気信号に変える。例えば、人感センサーであれば、人が通った時の赤外線の量の違いを感知して電気信号を送る。

　人感センサーは、小売・サービス業では自動ドアに多く使われている。また、最近では飲食店などの座席やテーブルに設置され、座席やテーブルに人がいるかどうかの把握にも活用されている。さらに、これを予約システムと連動させれば、座席やテーブルの空き状

況と自動的に連動させられるため、従来のように店員が空席を確認・把握するという手間を省け、予約自体もスムーズに受けられるようになる。

店舗内に複数の人感センサーを設置すれば、そこから収集されるデータ同士をつなぎ合わせることで、店舗内の顧客の動線の分析にも活用できる。ただ、人感センサーは人の動きは把握できるが個人を特定できないので、人を特定する場合はネットワークカメラなどに搭載されるイメージセンサーを活用したほうが良い。

人感センサーは、各メーカーから多種多様なものが販売されているので、目的や用途および後述する注意事項などを参考に選ぶと良い。

②イメージセンサー

カメラも各メーカーからさまざまなものが販売されている。最近ではカメラにイメージセンサーなどを用いた顔認証機能を搭載し、登録されている特定の人を検知した時だけ録画を始めるようなものもある。

イメージセンサーとは、カメラに搭載されたレンズから入った光を電気信号に変換するセンサーである。イメージセンサーには主にCCD（Charge Coupled Device）とCMOS（Complementary Metal Oxide Semiconductor）という2つの方式がある。元来、デジタル一眼レフカメラなどの高級カメラにはCCDが多く採用されていたが、最近ではCMOSとCCDとの性能差がほとんどなくなり、かつCMOSのほうが安価で小型、さらに消費電力が少ないため、スマートフォンをはじめとしたほとんどの電子機器にCMOSが用いられている。

イメージセンサーは、高速な処理や距離の測定など他のセンサーが得意とした機能も搭載するなど、技術の革新がさらに進むものと

予想される。

　イメージセンサーも人感センサーと同じように、目的や用途および後述する注意事項などを参考に選ぶと良い。

③温度センサー

　温度センサーは、いわゆる温度計の機能を持つセンサーである。周囲の温度を計測して電気信号に変換する。温度センサーは図3-19のように、大きく「接触式温度センサー」「非接触式温度センサー」「熱画像センサー（赤外線サーモグラフィ）」の3つに分類できる。

（ⅰ）接触式温度センサー

　接触式温度センサーには「熱電対」と「サーミスタ」がある。熱電対は、異なる材質の2本の金属線の両先端を接合させて回路にし、その接合点（両端）に温度差によって発生する熱起電力（微弱な電圧）を測定する温度センサーである。また、サーミスタは金属の酸化物を焼結した素子であり、温度の変化によって抵抗値が大き

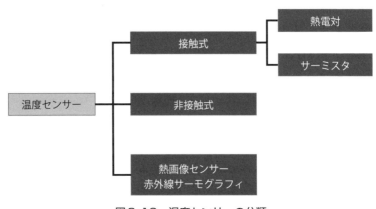

図3-19　温度センサーの分類

く変化するという特性を利用した温度センサーである。

サーミスタは-50℃から150℃まで計測できる。人間が日常生活で接触する温度を計測できるため、飲食業などで使うペン型の温度計にはサーミスタが用いられている。

（ⅱ）非接触式温度センサー

非接触式温度センサーは、測定する対象物に直接接触せず、対象物から放射される熱放射を捉えて温度を計測するセンサーである。体温計などにも非接触式温度センサーが利用されている。また、飲食業などで食材の温度や加熱状況を測定する場合にも、非接触式温度センサーを利用すれば効率的に温度を計測できる。

（ⅲ）熱画像センサー、赤外線サーモグラフィ

熱画像センサーは、測定対象物の表面温度分布を赤外線カメラを利用して測定するセンサーである。また、赤外線サーモグラフィは、対象物から発せられる赤外線放射エネルギーを検出し、それを表面温度に変換して温度分布を画像表示するセンサーである。

これらのセンサーは最近、顧客の温度を計測し、それを機械学習やディープラーニングで解析することで顧客の感情を情報として収集する手段としても活用されている。また、会社の会議で参加者の温度を計測することで、会議に対する各参加者のコミットの度合いを測定するサービスなどにも利用されている。

以上のように温度センサーは、飲食店や旅館・ホテルにおける食材管理に利用できるほか、店舗内の温度管理や顧客の感情の測定にも活用できる。

④湿度センサー

湿度センサーは名称の通り湿度を計測するセンサーである。湿度

センサーは「抵抗式」と「容量式」の2つの方式に分類される。抵抗式は、センサーの感湿材料に吸湿もしくは脱湿される空気中の水分を電気抵抗として捉え、変化する抵抗値を計測する方式である。一方、容量式は、センサーの感湿材料に吸湿もしくは脱湿される空気中の水分を静電容量として捉えて計測する方式である。

湿度センサーも温度センサーと同様、飲食店や旅館・ホテルの食材管理に利用できる。

⑤圧力センサー

圧力センサーとは、外部から加わる力を測定するセンサーである。体重や水圧、気圧などの測定に利用される。小売・サービス業では、マット型の圧力センサー（図3-20）、いわゆる電子はかりに商品を載せ、それにより測定された重量から陳列数や在庫数を割り出すという在庫管理などに利用されている。

⑥音声センサー

音声センサーは音の振動を計測するセンサーである。振動の検出方式としては、電磁誘導や圧電効果の利用、振動板の静電容量の変

図3-20　圧力センサー（出典：スマートショッピング「スマートマット」）

化の利用とさまざまある。音声センサーは、マイクやスマホ、AI
スピーカーなど日常生活で幅広く活用されている。小売・サービス
業でも音声による店内機器の操作、在庫などの検索、他のスタッフ
との情報共有など、音声センサーを搭載した機器がさまざまに活用
される。また、商品棚に人感センサー付き音声センサーを設置し、
人が棚の前を通ると挨拶したり商品案内したりといった活用方法も
ある。

(3) デバイス選定の注意事項

　最近のIoTニーズの高まりを受け、人感センサーやカメラをはじ
め、各メーカーから多種多様なデバイスが販売されている。多種多
様なデバイスの中から目的、用途に合ったデバイスを選ぶうえでの
注意事項を解説する。

①機能要件を明確にする

　まず、センサーに必要な機能を明確にする必要がある。

　例えば、複数の人感センサーを店舗の天井に取り付けて動線を分
析する場合、1つのセンサーで把握できる領域・面積とすれ違う人
や複数の人のキャッチアップ精度について、どれくらいのレベルの
機能を持たせるかを決める必要がある。

　赤外線センサーを使った人感センサーは認識範囲があまり広くな
いため、動線を分析するには複数台を設置する必要がある。ただ
し、複数台を設置した場合はセンサー間の領域をまたぐケースが発
生するので、センサー間の連携機能があるかどうかも考慮する必要
がある。また、まとまった数の人が歩いたりすれ違ったりする場合
などに正確に認識できるか、もしくはどこまでの精度で認識したい
かなどの機能要件を明確にする必要もある。

　さらに、ネットワークカメラを使ってレジの前を通る顧客を特定
したい場合、カメラはイメージセンサーだけでいいのか、もしくは

カメラの中に移動物体や移動速度、顔などを自動検知したり、光量を自動検知して調整したりする機能を持たせて認識の精度を上げたいのかなどの機能要件を決める必要がある。

デバイスを選ぶうえで接続性も確認する必要がある。IoTシステムで真価を発揮するうえで接続性は不可欠な機能である。後述するファームウェアとの接続性はどうか、また多様な通信規格に対応できるかどうか、通信は容易か、セキュリティの条件はどうかなどを評価する必要がある。

接続性と関連して拡張性も考慮したい。数台もしくは数種類のデバイスを接続するのは簡単でも、数百台に増えた場合に同じような機能、例えば応答速度やセキュリティを確保できるかどうかも評価する必要がある。

電源の機能も重要な要件である。デバイス単体での消費電力だけでなくファームウェアや無線通信を行う場合の負荷についても考慮する必要がある。無線通信で継続的にデータを送信したり、デバイス上で大量のデータを処理したりした場合、デバイスが高負荷状態になり、電力使用量もこの範囲の上限に達することでデバイスがアイドル状態（デバイス自体は使用可能であるが、通信が行われていない状態）になって動作が低下することも想定される。

以上のようにデバイスの選定では、まず必要とする機能（機能要件）を明確にし、それに従って各社から販売されているデバイスの機能を比較するのが良い。

②非機能要件を考慮する

非機能要件とはデバイスが持つ性能面の要件である。

非機能要件の1つに物理的機能がある。これはIoTがモノから情報を収集するシステムのため特に重要だと言える。例えばカメラを天井などに取り付ける場合、落下しないような対策が施されている

第3章 小売・サービス業のための IoT を構築する

か、万一落下した場合、影響をどこまで最小限に抑えることができるかなどを想定する必要がある。また、万一落下しても致命的な事故を防ぐことができるか、耐落下性にも優れているかなど性能要件を考慮する必要がある。

パフォーマンスやキャパシティも重要な非機能（性能）要件である。数台であれば問題にならなかったパフォーマンスでも、接続するセンサーの台数が増えて長い時間稼働させると、データの流量が増えるのでパフォーマンスが低下することがある。また、デバイスにキャパシティ（記憶域）をどのぐらい持たせるかも考慮する必要がある。例えばデバイスにキャパシティ機能を持たせないのか、またはある程度キャパシティ機能を持たせてデバイス内で不要なデータを削除するなどの処理を行うのかなどを想定する必要がある。デバイスにキャパシティ機能を持たせない場合、デバイスの負荷は軽減されるが、そのプラットフォーム層のクラウドシステムには負荷がかかる。一方、デバイス内にキャパシティ機能を持たせ、かつ処理も行う場合には、機能要件で述べた消費電力などの問題も発生する。

オペレーション層におけるセキュリティも重要な非機能（性能）要件である。セキュリティについては以後に詳しく解説する。

さらに、海外製のデバイスを使用する場合、性能要件として認証や規制に合致しているかを考慮する必要がある。

デバイスを選定する場合、どうしても機能要件ばかりに目が向きがちになるが、非機能（性能）要件も考慮したうえで選定する必要がある。

(4) 信号処理の設定

デバイスの選定が完了したら、つぎはデバイスとファームウェアとの間の信号処理を設定する。デバイスとファームウェアが一体と

なっているものについては設定の必要はないが、デバイスとファームウェアが別になっているものについてはデバイスとファームウェアとの間の信号処理を設定する必要がある。

①**ファームウェアの選定**

現在、販売されている主なファームウェアは以下の通りである。

（ⅰ）Arduino（アルデュイーノ）

「Arduino（アルデュイーノ）」（Arduino、**図3-21**）は、最も普及しているファームウェアの1つであり、インターフェースとしてUSBを備え、PC上でプログラムを書き込めば即時に実行できる。アルデュイーノはさまざまな種類の製品が販売され、それに応じて搭載するメモリの容量も異なる。

（ⅱ）Raspberry Pi（ラズベリーパイ）

小型ボードコンピュータ「Raspberry Pi（ラズベリーパイ）」（raspberrypi.org、**図3-22**）は、アルデュイーノに比べると高性能なファームウェアになる。ラズベリーパイもインターフェースとしてUSB、HDMIを備えているが、一般的にはSDカードにOSを書き込んで利用する。高性能ではあるが、その分消費電力が高い。

図3-21　ファームウェア
　　　　「Arduino Uno」
　　　　（出典：Arduino）

図3-22　小型ボードコンピュータ
　　　　「Raspberry Pi」
　　　　（出典：raspberrypi.org）

(ⅲ) ESP-WROOM-32

「ESP-WROOM-32」は、Espressif Systemsの「ESP32」というチップを搭載し、Wi-Fi通信だけでなくBluetooth通信にも対応したファームウェアである（**図3-23**）。他のファームウェアに比べて容易に通信処理ができ、かつ安価なのが特徴である。

上述のファームウェア以外にもさまざまなファームウェアが販売されているので、目的、用途に応じて選定すると良い。

②センサーとファームウェアの接続

センサーとファームウェアとの接続にはブレッドボード（電子回路を組むための基板）を使用するのが一般的である。**図3-24**のように、ブレッドボードには電子部品を差し込むためのソケット（穴）が多数あり、そこに結線するだけで接続できる。

③ファームウェアのセットアップ

センサーとファームウェアの動作を連動させるためには、ファームウェアのプログラムが必要になる。アルデュイーノ、SDカード

図3-23　ファームウェア「ESP-WROOM-32」
（出典：Espressif Systems）

図3-24　ブレッドボードとデバイスをつなげる

を差し込んだラズベリーパイをUSBを経由してPCに接続し、プログラムをインストールする。

(5) ネットワークの設定

ネットワークの設定には主に以下の2種類がある。

①機器間（ファームウェアとゲートウェイ）のネットワーク

ゲートウェイを介してクラウドシステムと無線通信を行う場合、ファームウェアとゲートウェイのネットワーク設定を行う必要がある。ゲートウェイを介するということは、ファームウェアが多数あることが前提となっているため、消費電力の低い通信方式を選択する必要がある。

近距離で消費電力の低い通信方式としてBluetooth、ZigBeeなどがある。ファームウェアに通信モジュールが内蔵されている場合は接続の必要はないが、ファームウェアに通信モジュールが内蔵されていない場合は、ファームウェアとシリアル通信モジュールを接続して実装する。具体的にはシリアル通信モジュールをブレッドボード上で結線して接続する。

②機器（ファームウェア、ゲートウェイ）とクラウドシステムのネットワーク

機器（ファームウェア、ゲートウェイ）とデータを保存するクラウドシステムとのネットワークは、一般的に広域ネットワークで接続する。広域ネットワークは既述した3GかLTE（4G）を使うと手軽に構築できる。

デバイスから直接クラウドシステムに通信する場合は、デバイスに3G通信モジュールを組み込み、通信キャリアが提供するSIMを挿入して通信する。通信キャリアやMVNO（Mobile Virtual Network Operator：仮想移動体通信事業者）の各社からIoT向け

のSIMサービスが提供されているので参考にしてほしい。

　複数のデバイスをゲートウェイに集約し、ゲートウェイからクラウドシステムに無線通信する場合も基本的には3GかLTE（4G）を使うが、ゲートウェイを介する場合は、ネットワークを中継するアクセスポイントを設置しなければならないこともあるため、その中継も考える必要がある。

　まだ普及の段階ではあるが、LPWAN（Low-Power Wide-Area Network：省電力広域通信網）を活用することも1つの選択肢である。LPWANとは、消費電力を抑えながら遠距離通信する通信方式であり、IoT通信の1つとして注目されている。最近は国内メーカーからLPWAN対応の通信モジュールも販売されているため、今後の普及を見越してLPWANで機器（ファームウェア、ゲートウェイ）とクラウドシステムを通信することも考えて良いだろう。

3.3 クラウドシステムで構成されるプラットフォーム層のアーキテクチャー

ネットワークの設定まで終わればフィールド層のアーキテクチャーは完成である。つぎは、アプリケーションを含むクラウドシステムで構成されるプラットフォーム層のアーキテクチャーについて解説する。

3.3.1 プラットフォーム層の全体構成

プラットフォーム層は、フィールド層から送られてきたデータを格納、管理、分析・活用する役割を担い、クラウドシステムとアプリケーションがそれぞれの役割を機能させる。図3-25は、既述の顧客認識システムにおけるプラットフォーム層である。

3.3.2 クラウドシステムとは何か

ここでは、プラットフォーム層を構成するデータベースとクラウドシステムについて解説する。

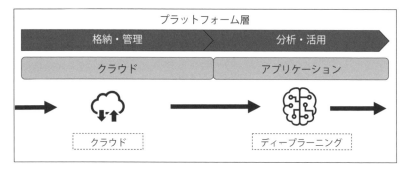

図3-25　プラットフォーム層を構成する技術

第3章　小売・サービス業のためのIoTを構築する

(1) クラウドかオンプレミスか

データを収集、保存、分析するデータベースには「オンプレミス」と「クラウド」の2種類ある。オンプレミスとは自社でシステムを構築して運用する形態である。オンプレミスの特徴は、用途や目的に応じて柔軟に対応できることである。一方で自社でハードウェアを用意する必要があるため、初期費用を要してしまい、また保守の人材を確保する必要もある。クラウドシステムとは、インターネットを通じてコンピュータのハードウェアやソフトウェアにリモートでアクセスして利用できるサービスである。自社のIoTシステムをクラウドとオンプレミスのいずれで構築するかは、自社の人材リソースやコストよって変わってくる。

なお、クラウドの利点は柔軟にシステムを移行できることにあるため、最初はオンプレミスでIoTシステムを構築し、やがて人材リソースやコストに対応させながらクラウドに移行させることもできるので、自社の状況に応じて適宜判断すると良い。

本書では、クラウドシステムの信頼性の高さや普及度を考慮し、プラットフォーム層をクラウドシステムで構築することを前提に解説する。

(2) クラウドの分類

クラウドシステムは、ミドルウェア、アプリケーションサービスの有無によって「SaaS（Software as a Service）」「PaaS（Platform as a Service）」「IaaS（Infrastructure as a Service）」に3分類できる（図3-26）。

また、サービスの形態としては「パブリッククラウド」と「プライベートクラウド」に分類できる。パブリッククラウドは、アマゾンやマイクロソフト、グーグルなどのIT企業が不特定多数の法人や個人にインターネット経由で提供するクラウドサービスのことで

図3-26　クラウドの分類

ある。一方、プライベートクラウドは、その企業だけのために構築するクラウド環境であり、サーバーを独自に所有する形態とクラウドプロバイダーのサーバーの一部を占有する形態とがある。いずれも自社専用のクラウドサーバーとして利用できる。

　パブリッククラウドのメリットは、使いたい時に使いたい分だけ利用できる柔軟性、OSやソフトウェアなどのバージョン管理、自動更新による負荷の軽減、低コストなどである。一方、プライベートクラウドのメリットは、高度なセキュリティを確保でき、自由度の高いシステムを構築できることなどである。

　どのような形態のクラウドシステムを利用するかは、どのようなアプリケーションを利用したいか、システム構築の柔軟性やセキュリティをどこまで担保したいかなどによって決まってくる。

(3) クラウドサービスの種類

　クラウドサービスとは、企業などが保有するデータリソースをインターネット上でサービス事業者に預かってもらい、時間や容量当たり利用した分だけ費用を支払うものである。IoTでは、デバイスからのデータの収集と保存、可視化、またデバイス自体の運用管理

第3章　小売・サービス業のための IoT を構築する

をクラウドで行える。現在、さまざまなサービス事業者がクラウド
サービスを提供しているが、アマゾンが提供する「AWS（Amazon
Web Service）」、マイクロソフトが提供する「Microsoft Azure」、
グーグルが提供する「GCP（Google Cloud Platform）」が世界で多
く使われているクラウドシステムと言える。それぞれの特徴を以下
に示す。

① AWS（Amazon Web Service）

　インターネット通販最大手のアマゾンが提供するAWSは、現
在、全世界で最も使われているクラウドサービスである。サーバー
としてだけでなく、AIやIoTなどの構築にも柔軟に対応してい
る。AWSの最大の特徴は徹底した顧客志向と言える。顧客からの
改善要望を最重視し、顧客の声に基づいてサービスの改善、機能の
追加を積極的に行っている。IoT関連についても顧客の要望が高
まっており、サービスを充実させている。

② Microsoft Azure

　Microsoft Azureは、マイクロソフトの提供するクラウドサービ
スであり、最大の特徴はPaaS（Platform as a Service）、IaaS
（Infrastracture as a Service）、SaaS（Software as a Service）　な
どさまざまなクラウドの利用形態に対応していることである。ま
た、開発環境もさまざまな言語に対応しており、さらにマイクロ
ソフトが提供するサービス以外の機能もMicrosoft Azureに組み込む
ことができる。

　現在、「Azure Iot Suite」の名称でデータの受信から処理、保
存、分析までできるサービスを提供しており、用途に応じてそれぞ
れのサービス機能を選択できる。

③ Google Cloud Platform

Google Cloud Platformは、グーグルの提供するクラウドサービスであり、そのうちIoTに関するサービスは「Google Cloud IoT」の名称で提供されている。Google Cloud IoTでは、データ受信から処理、保存、分析までできるサービスを提供している。その特徴は「プロトコルブリッジ」と「デバイスマネジャー」の2点である。プロトコルブリッジとは、プロトコルの接続エンドポイントの役割を果たし、すべての端末接続を自動的に負荷分散する機能である。デバイスマネジャーは、セキュリティを維持したまま個別の端末を設定、コントロールできる機能である。

3.3.3 クラウドシステム選定のポイント

アマゾン、マイクロソフト、グーグルが提供するクラウドサービスを紹介したが、ではどのようなポイントでクラウドシステムを選定すればよいのだろうか。それを以下に解説する。

(1) スペック

クラウドサービスの選定では、必要な処理能力を考慮する必要がある。また、そのクラウドサービスがアプリケーションやデータ容量、機能の選択に対してどれだけ柔軟性があるかも重要になる。あらかじめ用意されたアプリケーションやデータ容量、機能の中から選択しなければならないサービスもあれば、用途に合わせて自由にアプリケーションやデータ容量、機能をカスタマイズできるサービスもあるので注意したい。特に小売・サービス業でクラウドサービスを利用する場合、大量の情報をリアルタイムで処理、保存、分析することが求められるので、その処理に対応できるかどうかを考慮する必要がある。また、さまざまなメーカーの機器を連動させる必要があるため、その機器に対応しているかどうかも重要になる。

第 3 章　小売・サービス業のための IoT を構築する

(2)　コスト

　クラウドサービスの利用にどれだけのコストがかかるのかは選定するうえで重要になる。なお、クラウドサービスの多くが従量制ではあるが、契約の期間などによって単価が異なる場合もあるため注意したい。また、IoT向けではオプションサービスも多くあるため、細かなコスト試算が必要になる。

(3)　拡張性、柔軟性

　まず、クラウドサーバーの利用率に応じてスケールが変化するか否かを考慮する必要がある。例えば、クラウドサーバーの利用率が100％を超えた場合、オートスケール（サーバーの負荷に応じて自動的にクラウドサーバーの台数を増減させる機能）が行われるかどうか、また、その速度につて、さらに他のサービスや機器との連携が可能かどうかも確認する必要がある。

　スペック、コスト、拡張性、柔軟性の観点からどのクラウドシステム、クラウドサービスを導入するかを検討したい。できればプラットフォーム層はクラウドシステムで構成できることが理想であるが、データ形式や認証方式、また独自のアプリケーションを使用する場合はクラウドシステムでの完結が難しいケースも考えられる。その場合はIoTシステムの一部をクラウド、残りをオンプレミスにするという選択も考えられる。

3.3.4　データを収集・保存・分析するクラウドシステム

　クラウドシステムの役割は、デバイスから送られてきたデータを収集、保存、分析することである。以降では、その役割の詳細を解説する。

101

(1) データ収集

　まず、クラウドシステムでは、デバイスやゲートウェイから送られてきたデータを収集する。そのデータ形式はデバイスの種類によって異なる。例えば、温度センサーのような簡単なセンサーでは数値でデータを収集できる。一方、人感センサーやカメラなどを用いて通過人数や顧客を認識する場合は、人を識別するためのプログラミングをしたうえでデータを収集する必要がある。なぜなら、膨大なデータから推論・生成によって有意なデータだけを収集するためには、センサーからのデータを収集する段階に識別機能を持たせる必要があるからだ。最近では、推論によって有意なデータのみをクラウドに送る機能を持たせたデバイスもある。

(2) データ保存

　つぎにクラウドシステムでは、デバイスから送られたデータのうち有意なデータを時系列で保存する。例えば、温度センサーなどの数値データは、エクセルなどの表計算ソフトのデータ形式で保存できる。動線分析などを目的に人感センサーで収集したデータは、時系列ごとの通過人数の計測として、時系列別もしくはリアルタイムでフロア図に視覚的分布を示したりするのであれば点群データとして保存できる。また、カメラで顧客を識別するのであれば画像データとして保存する。

(3) データ分析

　クラウドシステムに有意なデータが保存されたら、最後に分析を行う。IoTの目的は、デバイスにより収集された膨大で有意なデータを分析し、売上拡大や労働生産性向上に役立てることである。保存されたデータは、主に「統計解析」と「機械学習」によって分析される。

第3章　小売・サービス業のための IoT を構築する

　統計解析は、過去のデータをもとに傾向や分布を導き出す手法であり、導出された傾向を原理原則として将来の予測や意思決定を行う。機械学習は、過去のデータをベースにすることは統計解析と変わりないが、将来の予測まで数理モデルを使って行う手法である。

　機械学習によって行われる過去のデータの分析内容は複雑かつ見えない形になっているため、統計解析レベルでは明確な原理原則を導き出せない現象の解析には機械学習が有効である。例えば、温度センサーから収集されたデータの解析レベルならばエクセルを使った統計解析で十分傾向を把握できるが、時間別の動線や人の混み具合の予測、顧客の識別などは複雑なデータの解析を伴うため、機械学習を用いる必要がある。

　以下では、統計解析と機械学習について詳しく解説しよう。

①統計解析

　統計解析の主な手法を解説する。

（ⅰ）分類

● 平均

　「平均」とは、数値の大小の差がなくなるように平らにならすことである。

　注意したいのは、平均を算出するための元となる収集データの量が時間の経過とともに大きくなるということである。IoT は継続的かつ自動的にデータを収集し続けるため、データの累積量も時間の経過とともに大きくなり、システムの処理能力にも影響する。また、時間の経過とともに平均の変化も少なくなり、データを収集、処理する意味もなくなってしまう。

　以上のような問題を解消するために「移動平均」という手法がよく用いられる。移動平均とは、一定の直近の期間や個数で区切って平均を求める手法である。時系列データに対して直近のN個のデー

103

タの平均を計算して新しいデータとすることで、元のデータの特徴を残したまま、ある程度滑らかなデータを得ることができる。

移動平均は画像処理の分野でも用いられる。例えば、**図3-27**の通り画像が各ピクセルの値として表現されているとする。そして、数字が大きい部分は白、小さい部分は黒と定義した場合、自分の周囲のマス目の平均値を計算したものが移動平均となる。

● 主成分分析

「主成分分析」とは、収集したデータをなるべく保ったまま、いくつかのデータを組み合わせて新しい属性に集約する手法である。**図3-28**のように、収集されたデータを散布図にプロットし、データのバラツキ（分散）が最大になるように軸を引く。最も長い軸を「第1主成分軸」、2番目に長い軸を「第2主成分軸」と呼ぶ。主成分分析のメリットは、1つひとつのデータを見なくてもおおよそのデータの傾向を見られることである。言い換えればデータの要約ができるということである。

小売・サービス業では、顧客満足度の調査分析や消費者の購買行動の傾向把握などに用いられている。

● 因子分析

「因子分析」は、主成分分析と似た分析方法で収集したデータを、高い相関関係にあるデータごとに集めてその相関となる因子を抽出する手法である。因子分析は消費者意識を理解するうえでよく用いられる手法である。例えば、あるインプット（独自因子）を行うとある行動（観測変数）が観測されるとする。その観測変数との相関性が高い因子を抽出すると、あるアウトプット（潜在変数）が抽出されるということである。

例えば、**図3-29**のようにあるインプット（独自因子）の1〜3を行い、「声が大きくなる」「笑う」「リアクション」という3つの行動（観測変数）が観測されたとする。その観測変数と相関性の高い

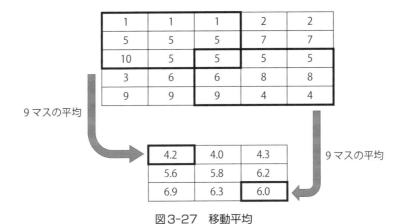

図3-27　移動平均

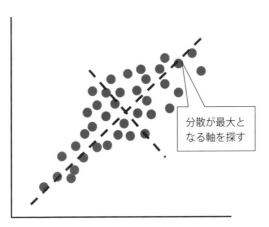

図3-28　主成分分析

因子を抽出すると「うれしい」というアウトプット（潜在変数）が抽出される。

(ⅱ) 予測

● 相関

「相関」とは2種類のデータの関係のことを指す。一見関係のなさそうな2種類のデータについて、一方の値が大きくなったり小さ

くなったりすると他方の値も連動して大きくなったり小さくなったりすることがある。それを「相関がある」という。

相関には「正の相関」と「負の相関」がある。正の相関とは「気温が上がるとアイスクリームが売れる」というように、一方のデータが増加すると他方のデータも増加する関係のことである。負の相関とは「来客数が増えると買い上げ点数が下がる」というように、一方のデータが増加すると他方のデータが減少するような関係のことである。

● 回帰分析

「回帰分析」とは、収集されたデータについて、影響を及ぼすデータ（独立変数）と影響を受けるデータ（従属変数）の因果関係を数式で表す手法である。独立変数を横軸（X軸）、従属変数を縦軸（Y軸）にしてデータをプロットする。その散布図に最小二乗法（直線とデータの距離の二乗の和が最小になるように直線を描く計算方法）を用いて直線を描く。この直線を「単回帰直線」と呼び、「y = ax + b」で表すことができる。

回帰分析には、説明変数が複数ある「重回帰分析」、従属変数が

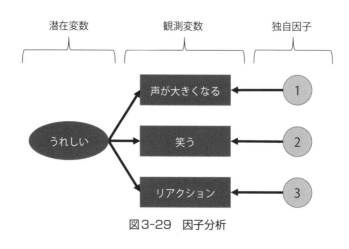

図3-29　因子分析

数値ではなく事象の起こり得る確率である「ロジスティック分析」などさまざまある。

②機械学習

機械学習は、統計解析レベルでは明確な原理原則を導き出せないような現象の解析に用いられる。機械学習は統計分析とは異なり、あらかじめ決まったモデルを用いるのではなく、データから機械が学習してモデルを構築する。そのため不確実な将来予測に活用できる一方、大量のデータをインプットして学習させる必要があるため、高い演算能力や大きなシステムリソースが必要になり、また、学習モデルを構築するには一定の時間を要する。以下に代表的な構築方法を解説する。

(ⅰ) 教師あり学習

機械学習は大きく「教師あり学習」「教師なし学習」「強化学習」に分類できる。教師あり学習とは、与えられたデータ（インプット）をもとにそのデータがどのようなパターン（アウトプット）になるかを識別、予測する手法である（図3-30）。教師あり学習の「教師」とは、現象の要因と結果の両方のデータのことである。モデル化したい現象の要因と結果は正解付き（教師あり）のデータであり、そのデータを大量にインプットして学習させるのである。

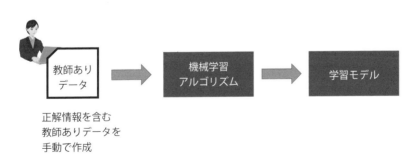

図3-30　教師あり学習

例えば教師あり学習で画像処理用の学習モデルを構築する場合、人と人以外のものの画像をインプットして学習させれば、投入された画像データを処理して人を識別できる学習モデルを構築できる。この学習モデルを活用すれば、センサーから収集されたデータの中から人をだけを識別して人数をカウントできる。

教師あり学習で問題になるのはどのようにして大量のデータを準備するかである。教師ありデータを準備するには以下のような方法がある。

● 自社が蓄積しているデータを活用する

自社が過去に蓄積したデータを活用する。例えば、アパレル販売で過去3年分の販売データのうち、2年分を学習して直近1年間の需要予測と実績の近似を確認するといった方法である。

● 学習データを入力する

手動または自動で教師ありデータを作成していく方法である。例えば、コールセンターなどでの自動応答システムを構築する場合、初めは応対、業界用語、自社製品などの言葉を入力し、その後、問合せの内容と回答を入力していくという方法である。

● 公開されているデータを使う

過去の市場データ、SNSのつぶやきのデータや気象データなど公開されているデータを活用して現象の因子要因を特定し、教師ありデータとして使う方法である。

● 公開されている学習モデルを使う

画像認識や自然言語理解などではさまざまな学習済みモデルが公開されているのでそれを使用する。

データを準備したら、つぎに行うべきはデータのクレンジングである。クレンジングとは、データを利用する前にデータを変換・整理したり不適切なデータを除去したりすることである。一般的に前処理と呼ばれる。不適切なデータの混じった教師データをそのまま

108

第3章　小売・サービス業のための IoT を構築する

使用すると、それが悪影響となって学習精度が低下するため、クレンジング作業はとても重要である。

データのクレンジング作業が終わったら、教師ありデータを使って機械学習を行う。具体的には、モデル化された機械学習（学習器）にデータをインプットして学習させる。

教師あり学習で構築される機械学習のモデルには「予測モデル」や「分類モデル」がある。予測モデルには「線形回帰」もしくは「非線形回帰」のアルゴリズムが用いられる。また、分類モデルには決定木、「サポートベクタマシン」「ロジスティック回帰」「ベイジアンモデル」「最近傍法」などのアルゴリズムが用いられる。

アルゴリズムとは、問題を解くための手順を定式化した形で表現したものである。以下に解説する通り、機械学習におけるアルゴリズムは多種存在する。そのため、どの機械学習のモデルを選択するかも非常に大事になってくる。

以下に機械学習モデルについて説明する。

● 予測モデル

【線形回帰】

線形回帰とは、単一の変数もしくは複数の変数を観測してn個（n組）のデータを得る場合、そのデータを直線の関係式に要約する方法である（**図3-31**）。

回帰分析を行う際の変数は要因（説明変数）と結果（目的変数）の関係にあるため、例えば所得と宿泊プランの予約単価、商圏の人口と売上など、要因と結果がはっきりしている場合には回帰分析を行うのが良い。

【非線形回帰】

線形回帰は直線で要因と結果を要約するのに対し、非線形回帰は曲線の形で要約する手法である（**図3-32**）。線形回帰でモデル化が難しい場合に非線形回帰を用いる。非線形回帰は線形回帰と異な

109

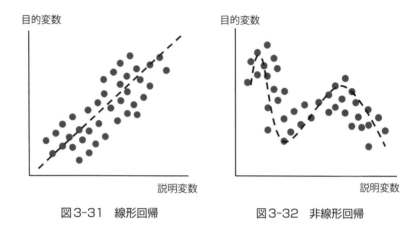

図3-31 線形回帰　　　　　図3-32 非線形回帰

り、さまざまな式を取り得るため、非線形回帰を実行するには使用する関数をある程度指定する必要がある。「多項式関数」や「ガウス型基底関数」などがそのモデルとしてよく使用されるが、制限はないため実行には相当の労力を要する。

● 分類モデル

【サポートベクタマシン】

　サポートベクタマシンとは、線形で分離が不可能な場合、超平面と呼ばれる多次元の境界線を利用して分類し、パターン認識を行う手法である。基本的には2つのクラスを分類する決定境界（識別面）を求める。

【ロジスティクス回帰】

　ロジスティクス回帰は線形回帰と似ているが、目的変数が2値の時に利用する。例えば、ある人が商品を購入するか否かを設定し、購入しない場合は0、購入する場合は1として出力し、1となる確率を求める手法である。1に近くなるほど購入する確率が高くなる。また、ダイレクトメール（DM）への返信について、返信されない場合を0、返信される場合を1とすれば、そのキャンペーンの反応率を求めることができ、マーケティング効果を測定できる。

【ベイジアンモデル】

　ベイジアンモデルとは、ベイズ推定を利用し、測定された要因から発生した結果について確率的なモデル化を行う手法である。ベイズ推定とは、条件付き確率（ある事象Aが起こったという条件のもとでの事象Bが起こる確率）を使って逆確率（ある事象Bが起こったという条件のもとでの事象Aが起こる確率）を求めるものである。このベイズ推定を実世界のモデル化に使用したものがベイジアンモデルである。例えば、ある一定期間の天気（A）と来場者のデータ（B）があるとする。来場者（B）がいつもより多い場合、雨の確率（A）をベイジアンモデルで求めることができる。ベイジアンモデルは複雑な因果関係をモデル化するのに適しており、マーケティングでも広く活用されている。

【最近傍法】

　最近傍法とは、分類のない要素をラベルのついた類似要素のクラスに入れる分類方法である（**図3-33**）。分類のない要素が入ってきた時に最近傍にあるk個の要素の情報を使い分類するので「k近傍法」とも呼ばれている。

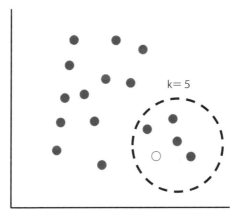

図3-33　最近傍法

（ⅱ）教師なし学習

　教師なし学習とは、現象の要因のみのデータをインプットして学習させ、そのデータの特徴を自動的に抽出してモデル化するものである（図3-34）。

　教師なし学習では、データのクラスタリングはできるものの意味づけはできないため、そこは人間が意味づけする必要がある。例えば、来店客の顔画像データを収集して教師なし学習にかけた場合、男女別、年齢別にクラスタリングできるもののその意味づけはできないため、人間の手で「男性」「若者」などと意味づける必要がある。

　教師なし学習のクラスタリング手法は、以下のようにクラスタリング、異常検知などに用いられる。

● クラスタリング手法

【k平均クラスタリング】

　「k平均クラスタリング」はクラスタリング手法の一種であり、与えられたデータをk個のクラスターに分類する手法である。

【異常検知】

　「異常検知」は、教師なし学習でクラスタリングした結果、その領域に当てはまらないデータを異常とみなす手法である。あらかじめモデル化できるデータであれば、しきい値を設定してそこから外れるデータを異常値とみなすことができる。しかし、モデル化できていない、もしくは複雑なデータの場合は教師なし学習でクラスタ

図3-34　教師なし学習

リングを行い、そこから外れているか否かで異常かどうかを判断する手法を使う。

(ⅲ) ディープラーニング

「ディープラーニング」は深層学習とも呼ばれ、人間の脳神経回路（ニューラルネットワーク）を模倣して構築したモデルによって学習する、機械学習の一種である。

ニューラルネットワークは図3-35のように、データを入力する「入力層」、データを処理する「中間層」、処理結果を出力する「出力層」からなる。そのニューラルネットワークの中間層を多層に（深く）したものがディープラーニングである。

機械学習とディープラーニングの大きな違いは入力するデータ（特徴量）にある。機械学習では高度な統計知識や数学を使用するため、ある程度の数学的知識が必要であり、その知識を持った人間がアルゴリズムの改善や入力する特徴量の抽出を行う必要がある。一方、ディープラーニングは人間が特徴量の抽出を行うことなく、取得したデータをそのまま入力データとして使うことができる。そのため人間の手によって特徴量の抽出を行わないため、入力データ

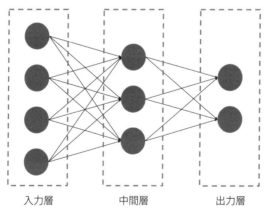

図3-35　ニューラルネットワーク（ディープラーニング）

の量も多くなり、より精度の高い学習モデルを作成することができる。

　そのため、ディープラーニングは画像認証や音声認識の分野で活用されている。画像認証の場合、機械学習で行おうとすると顔のパーツを数値化するためにはその顔の画像が正面を向いている必要があり、少しでも横を向いていると画像を正しく認識できないことが機械学習では起こり得る。

　一方、ディープラーニングでは顔の向きに関係なく、画像をそのまま入力データとしてインプットでき、多層のニューラルネットワークで顔のパーツを数値化して顔画像を認識する。顔の向きに関係なくデータを入力できるので、学習量も多くなり、より精度の高い学習ができる。

　ディープラーニングは教師あり学習、教師なし学習の両方に適用可能である。主な学習モデルとして「CNN」（Convolutional Neural Network）と「RNN」（Recurrent Neural Network）とがある。

● 学習モデル

【CNN（Convolutional Neural Network）】

　CNNは画像認識の分野で非常によく使われている学習モデルである。CNNではディープラーニングの3層（入力層、中間層、出力層）のうち、中間層に「畳み込み層」と「プーリング層」という2つの層を持つ。構造としては、入力されたデータに対して畳み込み処理とプーリング処理を繰り返してデータを出力する。

　畳み込み層では、入力画像にフィルタ処理（重みづけ）をして特徴マップを作成する。プーリング層では、畳み込み層から出力された特徴マップをさらに縮小した特徴マップにする。言い換えれば、畳み込み層で画像の局所的な特徴を抽出し、プーリング層でその局所的な特徴をまとめあげる処理を行っているのである。

CNNの畳み込み層は2次元データだけでなく、3次元データも学習できるため、平面情報だけでなく空間情報も学習できる。小売・サービス業の分野で活用すれば、収集された歩行者の画像から1種類のCNNモデルによって距離、身長、体の向きという3次元の情報を推定できることになる。

【RNN（Recurrent Neural Network）】

　RNNは時系列データに対応可能な学習モデルである。時系列データとは、時間的順序を追って一定間隔ごとに観察され、相互に統計的依存関係が認められるようなデータの系列である。例えば、音声データや日別、月別の来場者数などがそれに当たる。特に小売・サービス業のIoTシステムから収集されるデータは時系列データが多いため、RNNは多用されるだろう。

　RNNの最大の特徴は再帰構造（フィードバック構造）にある。時系列モデルを扱うには、初期の状態（現在の状態）と過去の時間の状態を保持しながら、将来の時間を推定する処理を行う。そのため、中間層で得られた出力データを再び中間層に返してつぎの時間の計算を行うという再帰構造を取っている。

（ⅲ）強化学習

　強化学習とは、人間の学習プロセスの1つであるトライアンドエラーを応用した学習方法である。成功と失敗を繰り返し学習し、成功の確率を高めていく方法を導入したものである。具体的には、インプットを行った結果のアウトプットに対して人間が良し悪しの評価を行う。それを何万回も繰り返して学習を強化していく。良いアウトプットに対しては報酬を与えて評価することで、強化学習は報酬の期待値が最大になるような行動を取ろうとする。強化学習は、教師あり学習のように直接的な正解が与えられるわけではないが、結果に対する報酬や評価を人間が与えるという間接的な行動選択としての正解は与えられている。

教師あり学習と強化学習の違いは、結果に至る各プロセスに対して正解が与えられるか否かである。「A→B→C→D」の学習工程があるとしよう。そこには3つのプロセス、1つのインプット（A）、1つの結果＝アウトプット（D）がある。その場合、教師学習は「A→B」「B→C」「C→D」のそれぞれのプロセスに対して正解が与えられる。一方、強化学習で評価が与えられるのは「D」という結果（アウトプット）だけである。もし、Dという結果に対して良いという報酬、評価が与えられたとすれば、「A→B」「B→C」「C→D」のそれぞれのプロセスもなかなか良かったのではないかと逆算で振り返った評価を自ら行う。言い換えると、教師あり学習は「各行動」に対して正解が与えられるのに対し、強化学習は「連続した行動の結果」に対して評価される一方、教師なし学習は正解や評価が一切与えられない学習のため、強化学習は教師あり学習と教師なし学習の中間に位置すると言える。

3.3.5　プラットフォーム層（クラウドシステム）の構築

　プラットフォーム層の構築では、まず、クラウドシステムの設定を行う。以降ではGoogle Cloud IoTを例にクラウドシステムの設定を解説する。

(1) データ収集

　データ収集では以下のシステム設定を行う。

①Pub/Subの設定

　Google Cloud IoTではPub/Subのトピックを選択する必要があるので、トピック、サブスクリプションの作成を行う（**図3-36**）。

②Cloud IoT Coreの設定

　IoT Coreの画面で端末レジストリの追加を行う（**図3-37**）。完了

第3章 小売・サービス業のための IoT を構築する

図3-36 Pub/Sub の設定

図3-37 Cloud IoT Coreの設定

するとIoTデバイスを追加できるようになる。

(2) データ保存

データ保存では以下のシステム設定を行う。

①BigQueryのテーブルを作成する

「BigQuery」とは、グーグルが提供するデータウェアハウスである（**図3-38**）。BigQueryはデータをカラム型（列）で保持、管理するため、データ型を統一させることが可能となり、効率的に圧縮

117

図3-38　BigQuery

させ、ファイルサイズ小さくすることもできる。BigQueryは、CSVとJSONの2種類のファイルをインポートできるが、ファイルタイプを指定しない場合はデフォルトでCSVファイルを取り扱う設定になっている。

②Cloud DataflowでCloud Pub/SubとBigQueryをつなぐ（図3-39）

テンプレートで「PubSub to BigQuery」を選択し、必要事項を入力してジョブを実行する。ジョブが完了したら、BigQueryでデータが入っているかを確認する。

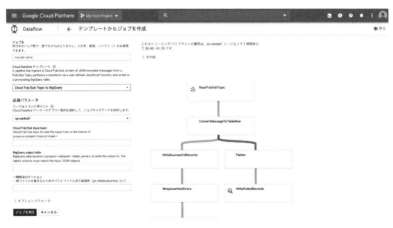

図3-39　Dataflow

第3章　小売・サービス業のための IoT を構築する

　クラウドシステムの設定は提供会社によって異なるが、大枠とし
てデータ収集からデータ保存へと設定していく流れを理解いただき
たい。

(3) データ分析

　データの分析については統計解析と機械学習に分けることができ
る。ここでは顧客認識システムを構築するに当たり、機械学習の構
築プロセスを解説する。

① Pythonの設定

　Python（パイソン）はAIの分野でよく使用されるプログラミン
グ言語である。Windowsをはじめ幅広いOS環境で動作するので、
開発環境が変わってもそのまま動かすことができる。

　まずはPythonをインストールする（**図3-40**）。Pythonのメリッ
トは少ないコード量で簡単にプログラムが書ける、コードが読みや
すいという点である。また、計算や統計処理で使用できるライブラ
リが豊富であることもメリットの1つである。ライブラリとは役に
立つプログラムをまとめたもので、Pythonには機械学習などで使
う機能をまとめたたくさんのライブラリがある。Pythonのライブ
ラリにはさまざまな種類と分類があるが、数値計算、データ操作の
ライブラリである「Numpy」「Pandas」「Scipy」、モデリング（機
械学習）のライブラリである「scikitlearn」などがよく使われてい
る。


```
Last login: Mon Jun 10 22:34:23 on ttys000
annomotoninnoMacBook-Air:~        $ python
Python 3.6.1 |Anaconda 4.4.0 (x86_64)| (default, May 11 2017, 13:04:09)
[GCC 4.2.1 Compatible Apple LLVM 6.0 (clang-600.0.57)] on darwin
Type "help", "copyright", "credits" or "license" for more information.
>>>
```

図3-40　パイソンの起動コード

②教師用データの収集

　教師あり学習でシステムを構築する場合、教師データを収集してクラウドシステムで学習させる必要がある。画像データを準備して顧客の画像（ポジティブサンプル）とそうでない画像（ネガティブサンプル）に分ける。そして顧客の画像（ポジティブサンプル）については、画像のどこに検出したいものが写っているかの印をつける（アノテーション）。

③トレーニング処理

　上述で作成した教師データを、OpenCVというコンピュータ視聴ライブラリにインプットしてトレーニングする。OpenCVは、主にインテルによって開発されたオープンソースの画像認識ライブラリである。

④テストの実施

　トレーニングが終了したら、でき上がったモデルをテストする。あらかじめ教師データの一部をテスト用に確保しておきテストする。

第3章　小売・サービス業のための IoT を構築する

3.4 システムを監視・コントロールする オペレーション層のアーキテクチャー

　最後に、フィールド層、プラットフォーム層を支えるオペレーション層について解説する。

3.4.1　IoTセキュリティの5つの観点

　IoTシステムも通常のシステムと同様にセキュリティ対策が重要になる。特にIoTでは、通常のシステムで必要なネットワークとサーバーのセキュリティに加え、デバイスとデータのセキュリティ対策も必要になる。この4つのセキュリティを網羅するためには局所的な対策ではなく、IoTシステム全体を俯瞰したセキュリティ対策が必要になる。

　日本クラウドセキュリティアライアンスが公開した「IoTへのサイバー攻撃仮想ストーリー集」には、IoTシステムで考えられるインシデント（危機が発生し得る事態）について**図3-41**のような項目が挙げられている。

　そうしたセキュリティインシデントが想定されるものの、IoTシステムはまだ普及段階なために明確なセキュリティ基準が示されていない。そうした状況の中で2016年に経済産業省と総務省から「IoTセキュリティガイドラインver1.0」が提示された。このガイドラインでは冒頭の「IoT特有の性質とセキュリティ対策の必要性」でIoT機器特有の性質として以下の6つを挙げているので一部を抜粋する。

(1)　脅威の影響範囲・影響度合いが大きいこと

　IoT機器はインターネットなどのネットワークに接続していることから、ひとたび攻撃を受けると、IoT機器単体に留まらずネット

121

事例
家電製品の乗っ取りによるDDoS攻撃
病院システムへのマルウエア感染
監視カメラシステムの画像流出
ビルエネルギーマネジメントシステム（BEMS）への攻撃
介護支援用ロボット端末の悪用
農業工場の生産妨害
自動車システムからの情報混乱
デジタルサイネージ乗っ取り
自動販売機へのMan in The Middle（MiTM）攻撃ツール拡散
遠隔医療機器へのマルウエア攻撃と脅迫

図3-41　IoTへのサイバー攻撃仮想ストーリー集〔出典：一般社団法人 日本クラウドセキュリティアライアンス（CSA ジャパン）IoTワーキンググループ、https://cloudsecurityalliance.jp/WG_PUB/IoT_WG/scenario.pdf〕

ワークを介して関連するIoTシステム・IoTサービス全体へその影響が波及する可能性が高い。また、IoT機器が急増していることからその影響範囲はさらに拡大している。

(2) IoT機器のライフサイクルが長いこと

　IoT機器として想定されるモノには10年以上の長期にわたって使用されるものも多い。そのため、構築・接続時に適用したセキュリティ対策が時間の経過とともに危殆化することによって、セキュリティ対策が不十分になった機器がネットワークに接続され続けることが想定される。

(3) IoT機器に対する監視が行き届きにくいこと

　IoT機器の多くは、パソコンやスマホなどのような画面を持たないことなどから、人目による監視が行き届きにくいと想定される。

（4）IoT機器側とネットワーク側の環境や特性の相互理解が不十分であること

IoT機器側とネットワーク側それぞれが有する業態の環境や特性が、相互で十分に理解されておらず、IoT機器がネットワークに接続することで、所要の安全や性能を満たせなくなる可能性がある。特に、接続するネットワーク環境は、IoT機器側のセキュリティ要件を変化させる可能性があることに注意すべきである。

（5）IoT機器の機能・性能が限られていること

センサーなどのリソースが限られたIoT機器では、暗号などのセキュリティ対策を適用できない場合がある。

（6）開発者が想定していなかった接続が行われる可能性があること

IoTではあらゆるモノが通信機能を持ち、これまで外部につながっていなかったモノがネットワークに接続され、IoT機器メーカーやシステム、サービスの開発者が当初想定していなかった影響が発生する可能性がある。

同ガイドラインでは、上述のIoTシステム特有の性質を踏まえ、システムの検討から保守の段階にわたって以下の5つの項目が明示されている（図3-42）。

（1）方針

方針の項目では「IoTシステムのセキュリティ対策は、機器やシステムの開発企業のみならず、利用する企業にとっても存続にも関わる課題となっており、経営者がリスクを認識し経営者のリーダーシップで対策を推進する必要がある」と記されている。

そのうえで以下の2つの要点が示されている。

①経営者がIoTセキュリティにコミットする。

大項目	指　針	要　点
方針	指針1 IoTの性質を考慮した基本方針を定める	要点1.　経営者がIoTセキュリティにコミットする
		要点2.　内部不正やミスに備える
分析	指針2 IoTのリスクを認識する	要点3.　守るべきものを特定する
		要点4.　つながることによるリスクを想定する
		要点5.　つながりで波及するリスクを想定する
		要点6.　物理的なリスクを認識する
		要点7.　過去の事例に学ぶ
設計	指針3 守るべきものを守る設計を考える	要点8.　個々でも全体でも守れる設計をする
		要点9.　つながる相手に迷惑をかけない設計をする
		要点10.　安全安心を実現する設計の整合性をとる
		要点11.　不特定の相手とつなげられても安全安心を確保できる設計をする
		要点12.　安全安心を実現する設計の検証・評価を行う
構築・接続	指針4 ネットワーク上での対策を考える	要点13.　機器等がどのような状態かを把握し、記録する機能を設ける
		要点14.　機能及び用途に応じて適切にネットワーク接続する
		要点15.　初期設定に留意する
		要点16.　認証機能を導入する
運用・保守	指針5 安全安心な状態を維持し、情報発信・共有を行う	要点17.　出荷・リリース後も安全安心な状態を維持する
		要点18.　出荷・リリース後もIoTリスクを把握し、関係者に守ってもらいたいことを伝える
		要点19.　つながることによるリスクを一般利用者に知ってもらう
		要点20.　IoTシステム・サービスにおける関係者の役割を認識する
		要点21.　脆弱な機器を把握し、適切に注意喚起を行う

図3-42　IoTセキュリティ対策の5つの指針と要点
〔出典：「IoTセキュリティガイドライン ver1.0」（経済産業省、総務省）
http://www.soumu.go.jp/main_content/000428393.pdf〕

②内部不正やミスに備える。

　IoTシステムのセキュリティ対策は影響が広範囲に及ぶため、経営者主導で実施すべきであるということが同ガイドラインに強く述べられている。特に、小売・サービス業では個人情報を扱うため、システムのアーキテクチャーの段階から経営層のコミットを得ながら開発、導入を進めていく必要がある。また、導入後もベンダー、経営者、現場運用者との間で定期的にセキュリティ状況を検証する機会を設けることが重要になる。

(2) 分析

　分析の項目では「IoTのセキュリティ対策を行うには、守るべきものの特定とそれらに対するリスク分析が必要である。特にIoTでは、ネットワークでつながる他の機器にも影響を与えたり、つながることで想定外の問題が発生したりする可能性もある。このため、改めて守るべきものの特定やリスクの想定をやり直す必要がある」と記されている。つまりIoTシステムでは、通常のシステムにおけるセキュリティ対策で想定していなかったリスクをも想定する必要があるということである。

　そのうえで以下の5つの要点が示されている。

①守るべきものを特定する。

②つながることによるリスクを想定する。

③つながりで波及するリスクを想定する。

④物理的なリスクを認識する。

⑤過去の事例に学ぶ。

　守るべきものを特定するためには、既述した機能要件、非機能要件を明確にしたうえで守るべき機能を洗い出す必要がある。また、収集される情報についても洗い出す必要があり、特に個人情報やプライバシーに関わる情報は、情報そのものだけでなく収集する機器

の設定情報も含め、盗難や不正操作される可能性もあるので注意が必要である。また、多くの機器、センサー、ネットワークとつながっていることや物理的なリスクはIoTシステム特有のリスクと言える。IoTシステムはこれからさらなる普及が見込まれており、今後、攻撃事例や対策事例も多く発信されることが予想されるので、そのような情報をいち早くキャッチし、IoTシステムに反映させることで重大インシデントを未然に防ぐことができる。

(3) 設計

　設計の項目では、「限られた予算や人材でIoTのセキュリティ対策を実現するためには、守るべきものを絞り込んだり、特に守るべき領域を分離したりするほか、対策機能が低いIoT機器・システムは連携する他のIoT機器・システムで守ることも有効である。また、IoTサービス事業者やユーザが不特定の機器やシステムをつなげてもセキュリティを維持したり、異常が発生してもつながる相手に迷惑をかけたりしない設計が望まれる」と記されている。

　設計ではSEが重要な役割を担うことになる。特にIoTシステムは、センサーやファームウェア、クラウドシステムなど多岐にわたる機器と接続されているので、1人のSEがすべての機器やシステムのセキュリティリスクを網羅して設計することは難しいかもしれない。それぞれの専門家やシステムに関わる他のベンダーの意見も聞きながら、場合によってはタスクフォースを組織して設計にあたる必要がある。

　設計の項目では以下の5項目の要点が挙げられている。

①個々でも全体でも守れる設計をする。

②つながる相手に迷惑をかけない設計をする。

③安全安心を実現する設計の整合性をとる。

④不特定の相手とつなげられても安全安心を確保できる設計をする。

第 3 章　小売・サービス業のための IoT を構築する

⑤安全安心を実現する設計の検証・評価を行う。

　IoT システムのフィールド層を担うセンサーやデバイスについては、小型の機器であるため単独でセキュリティ対策を簡潔にすることが難しいケースも考えられる。その場合はゲートウェイやプラットフォーム層を含めた上位機器で対策を施さなければならない。単独でセキュリティ対策が可能なのか、難しい場合は上位機器のつながりで対策を行えるのかなど、部分最適と全体最適の両方の視点が必要になる。

　また、IoT システムが普及するにつれ、各メーカーからさまざまな機器が販売されている。当然、各メーカーは標準規格に従った検査を行ったうえで販売しているが、メーカーの想定していないつなぎ方でIoT システムが構築されることも考えられる。このような状況では、つなぎ方によって想定していない誤作動、最悪の場合は情報漏洩を引き起こす可能性もある。他の機器と接続する際、メーカーや年式、準拠規格などの情報を確認し、その内容に応じて接続の可否を判断する必要がある。

(4) 構築・接続

　構築・接続の項目では、「多様な機能・性能を持つ機器・システムが相互に接続されるIoTでは、機器のみにセキュリティ対策をゆだねるのでは無く、IoT 機器・システム及びネットワークの両面からセキュリティ対策を考えることが重要である」と記されている。

　IoT システムは、本章のフィールド層、プラットフォーム層の節でも解説した通り、センサーやゲートウェイ、クラウドシステムなどのさまざまな機器をエリアネットワーク、広域ネットワークといったそれぞれの用途に応じたネットワークでつなげている。当然、機器に対するセキュリティ要件はさまざまであり、かつネットワークにもその通信規格に応じたセキュリティ対策が必要になる。

127

上述を踏まえて構築・接続の項目では以下の4項目の要点が挙げられている。

①機器等がどのような状態かを把握し、記録する機能を設ける。

②機能及び用途に応じて適切にネットワーク接続する。

③初期設定に留意する。

④認証機能を導入する。

　接続しているセンサーなどの機器がいまどのような状態かをリアルタイムで把握する必要があり、異常が発生した場合は検知、分析できるようにアラートやログ収集の仕組みを整えておく必要がある。センサーの仕様によってはログ収集できない低機能のセンサーもあるため、その場合は上位システムか新たに機器を用意することでログを収集できる仕組みに整える必要がある。

　IoTシステムはさまざまな機器と接続されているため、性能や機能が異なっているケースが多い。その場合は上述「(3) 設計」の段階でIoTシステム全体のセキュリティを確保できるようにし、システムの構築・接続を行う必要がある。なお、当然ではあるが管理者などの権限、パスワード（PW）の設定・管理の徹底や不要なサービスとポートの停止、できうる限りすべての機器への認証機能の適用などを実施・管理する体制が必要になる。

(5) 運用・保守

　運用・保守の項目では、「IoTでは多様な機器が存在し10年以上の長期間利用される機器やシステムも想定される。そのため、機器の故障だけでなく、危殆化等によるセキュリティ対策状況の劣化やネットワーク環境の変化など、多くの環境変化が考えられ、機器やシステム、サービスの出荷やリリース後についてもセキュリティ対策を考えることが重要である」と記されている。

　IoTシステムで使われる機器は、海外メーカーのものも含めてさ

まざまな種類のものが販売されており、今後もその種類は増えていくものと思われる。また、単純な機能のセンサーであれば10年単位で使用することも可能である。その間に新しいセキュリティ攻撃の手法が出てくるなど、環境の変化も考えられる。そのためIoTシステムの稼働後も機器の特性と環境変化に応じたセキュリティ対策を行う必要がある。

運用・保守の項目では以下の5項目の要点が挙げられている。

①出荷・リリース後も安全安心な状態を維持する。

②出荷・リリース後もIoTリスクを把握し、関係者に守ってもらいたいことを伝える。

③つながることによるリスクを一般利用者に知ってもらう。

④IoTシステム・サービスにおける関係者の役割を認識する。

⑤脆弱な機器を把握し、適切に注意喚起を行う。

IoTシステムを提供するシステムベンダーとしては、システムに組み込まれている機器のセキュリティ上の重要なアップデートを常にチェックし、必要なタイミングで適用する体制を構築する必要がある。機器を提供しているメーカーとのコミュニケーションも欠かすことができない。また、システム構築や機器の入れ替え時には、その機器の脆弱性情報がないか、その脆弱性はセキュリティポリシーに耐え得る範囲かどうかなど、脆弱性情報を収集したうえで機器を導入することが求められる。IoTシステムは多数の機器をネットワークにつなげて運用するため、複数のベンダーや機器メーカーが関わっていることが多い。インシデントが発生した場合、どのように連携して対応を協議するのか、また、事前に役割や責任範囲、連絡体制をメーカー、ベンダー、クライアントの間で明確にしておく必要がある。

IoTシステムを検討、設計する際は、この「IoTセキュリティガイドライン」をセキュリティ対策のチェックリストとして活用する

と良いだろう。また、IoT システムや IoT 機器は今後の普及につれてその機能も進歩することが予想され、同ガイドラインもそれに応じて改訂されるだろう。システムベンダー、システムエンジニアには、常に技術やセキュリティリスクの動向をチェックし、対応していくことが求められる。

3.4.2　セキュリティが重要な4つの理由

IoT 機器特有の性質とセキュリティ対策の指針について述べたが、そもそも IoT にセキュリティ対策が必要となる4つの特徴的な理由を説明しよう。

(1) 個人を特定できる情報が含まれる

カメラによる画像認識を利用する場合、収集したデータに個人情報が含まれる場合もあるためセキュリティ対応が必要になる。例えば、イベントや店舗などの集客施設でカメラによる顔認証を行って顧客に合った商品を勧める、もしくはカメラで顧客の動きや属性を把握したうえで商品配置や導線を変更するといった IoT の活用では、収集したデータに個人情報が含まれるケースがある。つまり、IoT から得られたデータをもとに1人ひとりの顧客に合ったサービスを提供できる一方、そのデータ収集は個人の特定を前提としているため、事前にプライバシーポリシーの明示が求められる。

(2) 多様な無線通信ネットワークを利用している

IoT で情報を収集する場合、ZigBee、Bluetooth、Wi-SUN などのエリアネットワーク、4G、5G などの広域ネットワークとさまざまな規格の無線通信ネットワークを活用する。そして、それらネットワークには規格ごとの特徴があるため、その特徴に応じたセキュリティ対策を講じなければならない。特に小売・サービス業は製造

業と異なり、公共性の高い集客施設に IoT 機器が設置されることが多いため、その分無線通信ネットワークにおけるセキュリティリスクは高くなる。特に IoT 機器は絶えず稼働して自動的にデータを収集している。そのためそれらの機器の動作やネットワークを常に監視できる体制を敷ければよいが、常時監視できる体制をとるのが難しい場合、アラート機能をどのように構築するかも考える必要がある。

(3) さまざまな場所に設置されている

IoT デバイスはあらゆる場所に設置されている。小売・サービス業でも店頭やレジ前、店舗の天井などさまざまな場所に IoT デバイスが設置され、それらの場所には多数の顧客が往来するという特性がある。そのため、ネットワークセキュリティだけでなく落下などのリスクや盗難、破損などのリスクも考える必要がある。

(4) データの漏洩リスク

IoT では、収集したデータを機械学習やディープラーニングなど高度な技術で分析する。その分析もすべて自社でできればよいが、実際は専門のベンダーに委託して分析ツールを構築してもらい、自社で分析するかもしくは分析もベンダーに委ねるかのいずれかであることが多い。

ベンダーに委託する場合には、データのどの範囲までベンダーに渡してよいかは慎重に判断する必要がある。特に小売・サービス業では、個人を特定できる要素を含み、かつ今後の販売戦略に直結するデータも多いため、他の業種以上に慎重に判断する必要がある。

以上、IoT システムの構築で考えられるセキュリティリスクについて述べた。特に小売・サービス業で IoT を構築する場合には、個人の生活習慣や行動を類推、特定できるデータ、および個人情報と

紐づいたデータが多く含まれることも想定されるため、特にセキュリティが重要になってくる。

3.4.3 IoTのセキュリティ構築

IoTのシステム構築でセキュリティ対策が必要な理由と指針について述べたので、つぎはIoTセキュリティの構築について概要を解説する。

(1) IoTシステムのセキュリティリスク

IoTのセキュリティリスクには以下のようなものがある。

①マルウェア

「マルウェア」とは、不正かつ有害に動作させる意図で作成された悪意のあるソフトウェアや悪質なコードの総称である。マルウェアは、「ワーム」「トロイの木馬」「スパイウェア」などのさまざまな手法を用いてシステムにウイルスを感染させ、情報搾取などの操作を自動的に実行する。そのセキュリティ対策としては、暗号化やファイアーウォール、セキュリティ対策ソフトなどが挙げられる。

②なりすまし

攻撃者がIDやパスワードなどの情報を奪い、関係者を装ってシステムに侵入することを「なりすまし」と呼ぶ。IoTでなりすましを防止するためには、個々の機器に固有のID、PWを割り当てることが考えられる。

また、IoT機器には高精度なCPU、メモリを搭載できない場合もあるため、攻撃によりシステム全体に波及する影響を最小限に止める工夫も必要になる。さらに、攻撃者の侵入をどのように検知するかも考える必要がある。

③情報漏洩

　マルウェアやなりすましによる攻撃の結果、起こり得るのが情報の搾取、つまり情報漏洩である。搾取された情報はネットワークを通じて外部に拡散されることが多いため、そうなった場合は企業の信用リスクにも関わってくる。特に小売・サービス業では個人を特定できる多くの情報を保有しているため、特に情報漏洩への対策は必要不可欠になる。また、IoTに関しては機器自体が盗難に遭い、その機器に格納されている情報が漏洩してしまうケースも考えられる。

　対策としては、まずは情報漏洩の前提となるマルウェアやなりすましなどの攻撃への対策を万全にすることである。また、万一漏洩した場合でも、簡単に個人を特定できないようなデータ構造に設計する必要がある。

④バッファオーバーフロー

　バッファとはデータを保存するための領域のことである。その領域に対して外部から過剰に情報を入力することで、意図的に領域を使い切らせてシステムを停止させるような攻撃を「バッファオーバーフロー」と呼ぶ。特にIoT機器の場合、PCのようにメモリ保護機能を持ち合わせていないことも多いため、少しの攻撃で機器が停止してしまう恐れがある。

　対策としては、セキュリティパッチの適用や機器への攻撃がIoTシステムの全体に影響しないようなシステムに設計することである。

　以上のようにIoTをはじめとして情報システムではセキュリティリスクが高まっている。そのため、情報システムに潜む脅威と脆弱性およびIoT特有のリスクを把握し、システムの設計段階からセキュリティ対策を講じることが肝要になる。

(2) セキュリティリスクの対策方法

　既述のようなセキュリティリスクに対し、IoTでは以下のような
セキュリティ対策が考えられる。

①コンピューターウィルスソフトの導入

②OS、アプリケーションへの最新セキュリティパッチの適用

③暗号化

　ネットワーク上でのデータを第三者から解読されないようにす
る。

④ファイアーウォールの設定

　防御機器を設置して不正なアクセスを防御する。

⑤ホワイトリスト方式の導入

　登録されているアプリケーション以外は実行させない。

⑥侵入検知システムの適用

　攻撃パターンをあらかじめ登録しておき、ネットワークのデータ
フローを監視し、攻撃をリアルタイムで検知、遮断するシステムを
適用する。

⑦VPN（Virtual Private Network）の構築

　暗号化技術を使ってインターネット上に仮想プライベートネット
ワークを構築する。

⑧耐タンパー性の付与

　IoT機器などが盗難にあった場合、その中に格納されているデー
タの解析を困難にさせる（耐ダンパー性の付与）ことで情報漏洩を
防ぐ。

⑨盗難対策

　機器が盗難されないような対策を行う。

⑩認証機能の付与

　デバイス、ゲートウェイなどの機器に対して個別のIDを割り当
てる。ただし、IoTシステムにIDなどの認証を割り当てる場合、

第3章　小売・サービス業のための IoT を構築する

考慮しなければならないことがいくつかある。まず、デバイスなどの IoT 機器はスマートフォンなどとは異なり、人手を介さず自動的に動作する場合が多い。そのため、認証情報をどのように機器の中で保持・完結させるかを考慮する必要がある。個々に認証機能を持たせるということは、機器の出荷段階で認証情報を特定しておく必要があるため、機器の準備段階で考慮する必要がある。また、機器の認証だけでなくネットワーク認証との連動も考慮する必要がある。

3.4.4 **セキュリティ構築の4つの手順**

IoT のセキュリティ対策は**図3-43**の4つの手順で構築する。

（1）システム構成図からリスクを特定する

まずは、構築しようとする IoT システムの構成図を作成し、どこのフローでどのようなリスクが存在するかを検討する（**図3-44**）。特に IoT では収集データに関するリスクが高いため、データの流れを中心に構成図を作成するとセキュリティリスクを特定しやすくなる。

リスクを特定するうえで注意すべき点は「守るべき情報は何かを特定する」ことである。

● 守るべき情報は何かを特定する

企業として守るべき情報は何かで優先順位をつける必要がある。IoT システム自体に特許などが関連している場合はその保護も必要

図3-43　セキュリティ対策の構築手順

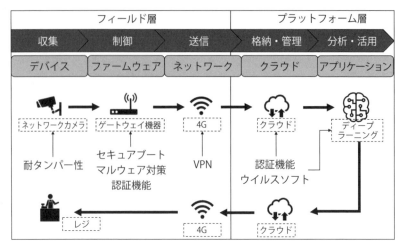

図3-44 システム構成図からリスクの特定とセキュリティ対策を検討

である。また、小売・サービス業なら顧客の個人情報などは、社会的信頼性の観点から最優先でセキュリティリスクから守る必要がある。

(2) 対策方法を決定する

システム構成図でセキュリティリスクが特定できたら、つぎは前述した対策方法を割り当てる。

リスクへの対策方法を決定するうえで注意すべき点は、「技術面のリスクとビジネス面のリスクを連動して考える」ことである。

● 技術面のリスクとビジネス面のリスクを連動して考える

リスクを特定する際は、技術面のリスクがビジネス面のリスクにどう影響するか、またビジネス面のリスクを未然に防ぐにはどのような技術面の対策が必要になるかを想定したうえでリスクを特定する必要がある。IoTシステムの導入ではどうしても技術面のリスク対策に偏りがちである。その技術面の対策がビジネス面にあまり影

響しないにも関わらず、対策を行おうとするとコストや開発期間が超過し、また実装後のメンテナンスに多くの工数がかかる可能性が出てくる。

そのためまずは技術面のリスクとビジネス面のリスクをそれぞれに特定し、それぞれが連動しているかを検討する必要がある。

(3) 対策方法を実装する

個々のフローで対策方法が決まれば、つぎは対策方法を実装する。

(4) 対策方法を評価する

セキュリティ対策を実装したら、それが実行されているかを定期的に評価する。また、新しい攻撃手法についての実装も計画する。

3.4.5 IoTのセキュリティ対策に関する留意点

IoTセキュリティ対策の留意点を4つ解説する。

(1) システム全体の影響を考慮する

IoTシステムでは、多数の機器、クラウドシステム、ネットワークとデータの流れといったものが複雑かつ多岐につながっている。機器だけ、クラウドシステム、ネットワークだけを考えるのではなく、システム全体を俯瞰したセキュリティ対策が必要になる。そのためシステム全体図からすべてのセキュリティリスクを洗い出し、システム全体に影響を及ぼす恐れのあるリスクを特定する必要がある。くれぐれも機器だけのセキュリティ対策に重点を置くような部分的な対策にならないように注意したい。

(2) コストとのバランスを考える

システム全体を網羅したセキュリティ対策を考えようとすると、機器やアプリケーションごとに個別のコストがかかってしまい、それらを積み上げると莫大なコストになりがちになる。

1台の機器に数百万円のコストをかけることは現実的ではない。セキュリティ対策でコストとのバランスを考えるには、セキュリティリスクが現実となった場合の影響度とそれへの対策の優先順位を決める必要がある。例えば小売・サービス業では、顧客を特定でき、顧客に損害を与える恐れのある情報の漏洩をまず最優先に防止する必要がある。

(3) セキュリティ対策のアップデート

IoTに限らずシステムのセキュリティリスクに対する攻撃は日々進化している。新しい攻撃手法がつぎつぎと現れるため、いま防御できていても将来的に防御できるシステムであるとは限らない。進化するセキュリティ攻撃に対応するには、セキュリティ対策をアップデートできるように設計段階から考慮する必要がある。特にIoTシステムでは、ソフトウェアだけでなくデバイスなどのハードウェアにも多岐にわたる認証情報や収集データを一時保存する機能があるため、セキュリティ攻撃の進化に合わせて柔軟に対応させられるかどうかなどを考慮する必要がある。

(4) 機器の出荷段階からセキュリティを考慮する

IoTシステムは、原則として構成される機器がすべてネットワークでつながっている。そして機器は数多くのデバイスで構成されるため、その分ネットワークも多くなり、セキュリティリスクも多くなる。さらに、機器の出荷段階からデバイスなどに認証情報を持たせているため、出荷時にその機器のセキュリティレベルがある程度

第 3 章　小売・サービス業のための IoT を構築する

決まっていると言っても過言ではない。そのため IoT システムを設計する段階でシステムのセキュリティリスクを特定して対策、実装をしたとしても、システムを構成する機器の本来のセキュリティの脆弱性も考慮しなければ、システムとしてセキュリティリスクが残った状態となってしまう。つまり、システムのセキュリティリスクのみならず、機器自体の脆弱性や脅威に対するリスクも考える必要がある。そのため、機器自体の性能とシステムに実装された場合の影響の両面を比較検討しながら機器を選定する必要がある。

3.4.6　**IoT 特有のプライバシー問題**

カメラと画像認識技術を用いて顧客などを特定する場合、当然ながら収集したデータにはプライバシーに関する情報も含まれる。そのような情報を取り扱ううえで以下のような問題に対処する必要がある。

(1)　脆弱なセキュリティへの対策

既述のように、デバイスの物理的盗難やデバイスのセキュリティの脆弱さなど、IoT システムには固有のセキュリティリスクが存在する。それを把握したうえでデータの取得を制限したり、プライバシーに関わるデータは極力デバイスに保有せず、ID 認証を個別設定したり、セキュリティを担保できるクラウドシステムに保存したりするなどの対策が必要になる。

(2)　情報取得の同意

パーソナルなデータを収集して活用するためには、その個人情報の取得や利用に関して説明と同意を得ることが前提になる。特に IoT システムでパーソナルデータを取得する場合、個人が主体的に自らの個人情報を提供するのではなく、気づかれないうちに個人情

139

報を取得されているという点がこれまでのプライバシー情報と大きく異なることである。そのためIoTシステムで個人情報を取得しているか否かについては、対象者に対して機器を目に見えるように設置し、利用目的を目立つように店内に掲示するなどして、取得するデータの利用目的を明確にする工夫が必要になる。

(3) 映り込み範囲

カメラやセンサーで情報を収集する場合、測定範囲にも気を配る必要がある。例えば、店舗の入口にカメラを設置した場合、撮影する範囲によっては来店者以外、例えば店舗の前の通行人も撮影してしまう可能性もある。当然、店舗の前の通行人からは個人情報取得の同意を得ていないケースが多いだろうから、測定範囲を調整しておかなければならない。映り込み範囲以外にも、IoTでは気がつかないところで同意を得ずに個人情報を取得していたというようなケースも考えられる。そのためシステムを構築する段階でこうした事項も洗い出し、事前に対策を講じる必要がある。

(4) 組合せを考慮する

IoTシステムでは複数のデータを組み合わせて個人を特定するケースも考えられる。例えば、カメラによる画像認識だけでは個人を特定できないが、顧客データベースと組み合わせることで個人を特定できるケースなどもある。IoTシステムでは、収集したデータを顧客情報や決済システムなど複数のシステムのデータと組み合わせる場合も多くなる。そのためIoTシステムの情報だけでなく、ほかのシステムと組み合わせた場合も個人情報に該当しないかどうかを検討する必要がある。

第 3 章　小売・サービス業のための IoT を構築する

3.5 IoT体験のすすめ

　本章では、IoT システムのアーキテクチャーをフィールド層、プラットフォーム層、オペレーション層の3層に分け、その役割と構成要素について小売・サービス業の事例を交えながら解説してきた。実際、小売・サービス業でIoT システムを構築する場合、システムが直接消費者から見えることや個人情報を取り扱う機会が多いことを考えると、自作ではなくベンダー数社で対応するケースが多いと考える。ただ、これまで述べた通り、小売・サービス業にIoTシステムを提案するSEやベンダーは、IoT システムで経営がどう変わるのか、そしてそれを実現するためにはどのようなアーキテクチャーが適当なのかについてシステムを俯瞰して把握する必要がある。IoT システムを俯瞰する眼を養うには、実際にIoT システムを構築するのがよいと筆者は考えている。実際、最近ではIoT システムを体験できる工作キット（例えば、ソラコムのIoTプラットフォーム「SORACOM」など）も多く販売されている。それらを体験することで、フィールド層、プラットフォーム層、オペレーション層の役割や各層のつながり、全体のアーキテクチャーをつかめると思う。

141

第 **4** 章

小売・サービス向け
IoTシステムに対する
SEのあるべき姿

4.1 顧客のサービスの特徴を理解する

　小売・サービス業の顧客に対してIoTシステムの導入を提案するに当たり、顧客のサービスの本質と特徴を理解していることが、より適したIoTシステムの提案につながる。

　そこで本章では、小売・サービス業の顧客の儲けに貢献できるIoTシステムを提案できるようになるため、小売・サービス業におけるサービスの本質とその特徴を解説する。

4.1.1　小売・サービス業の3つの接点

　小売・サービス業の特徴は、消費者との直接の接点を持つことであり、それは製造業などと大きく異なる特徴である。消費者との接点は、大きく「もの」「情報」「快適さ」に分けられる。

　まず、「もの」についてだが、衣服であればアパレルショップ、食材であればスーパーマーケット、食材を料理して提供するのであれば飲食店が「もの」としての接点になる。

　「情報」については、コンサルティングサービスならば相談に対する回答、また、ITベンダーが提供するプログラムや加工・分析したデータなどが「情報」としての接点である。

　「快適さ」については、航空会社や鉄道会社であれば心地よい移動、また、遊園地や娯楽施設などが提供する楽しい空間などが「快適さ」としての接点になる。

　小売・サービス業は、「もの」「情報」「快適さ」を介して消費者と直接の接点を持っているが、それらの接点を提供する側の多くが従業員などの人である。また、その接点に触れる（受け取る）側も感情を持った人（消費者）であるため、従業員の対応いかんによって提供される接点＝「もの」「情報」「快適さ」の価値も変わってく

第4章 小売・サービス向け IoT システムに対する SE のあるべき姿

る。

　最近はインターネットや無人レジなどの発展で人（従業員など）を介さずとも「もの」「情報」「快適さ」が提供できるようになってきたが、その場合でも受け取る側は感情を持った人であることに変わりはないため、受け取り手の立場に立ったサービス設計が必要である。

4.1.2　サービスの4特性

　さらに小売・サービス業におけるサービスには以下のような4つの特性がある。

(1)　無形性（Intangibility）

　サービス自体には製品のような物理的な実態がないため、試したり実感したりすることが難しい。それを「無形性」と言う。そのため航空会社の場合では、飛行というサービスに対して搭乗客に最大限の安心安全を実感してもらえるよう、搭乗のスタッフは濃紺などの落ち着いたトーンの色の制服を着用してオペレーションに徹底する。

(2)　同時性（Simultaneity）

　製品では、生産、デリバリー、消費が別々の時間帯で行われるのに対し、サービスでは生産、デリバリー、消費が同時に行われる。それを「同時性」と言う。例えば美容室であれば、カットしたい消費者が美容室に来ないとサービスを開始できない。また、病院でも患者が診察に来なければ医者は診療（サービス）を行えない。それが同時性である。

145

（3）異質性（Heterogeneity）

「異質性」とは、サービスを提供しているのが人間である以上、完全に標準化することが困難なことを言う。例えば、アパレルショップであれば個々の従業員の接客スキル、美容室であれば個々人のカットスキルは異なっている。それが異質性である。異質性の要因としてはスキルや経験のバラツキ、従業員の置かれた身体面や心理面の状況などがある。また、受け手である消費者のその時々の心理状態によってサービスの質の評価も左右される。これも異質性の要因と言えよう。

（4）消滅性（Perishability）

サービスは本質的に行為やパフォーマンスなため、提供したその場・その時のみ存在し、物理的な意味での在庫ができない。それを「消滅性」と言う。例えば、旅館やホテルでは満室ならばそれ以上の宿泊客の予約を取れない。いざという時のために空き部屋の在庫を持つ、別の日に予約してもらうということは困難である。また、航空サービスも同じである。

また、逆に空席や空室が多くなった場合も、消滅性ゆえにその時の売上を取り返すことはできない。そのため、需要と供給のマネジメントはサービス業の経営管理において特に重要になる。

4.1.3 4つの特性の克服

上述のサービスの4つの特性について、これまでテクノロジーを活用することで克服もしくは影響の減少が図られている。

無形性では、いかに有形化に近づけていくかが克服へのアプローチである。そのアプローチとはサービスの可視化である。例えば、インターネットの口コミサイトによってサービスの評判が言語化される、インターネットを通じて空席や空室の状況を可視化できる、

そのようにサービスを有形化することで無形性を克服してきた。

同時性については、インターネット通販を例に見てみると、本来は従業員と消費者が直接顔を合わせなくても取引が完了するため同時性を考えなくてよくなった。また、最近流行のライブコマース（ライブ動画を活用したeコマース・サービス。販売者がライブ動画で商品を紹介し、同時に視聴者から寄せられる商品への質問投稿に答えることで、販売者と消費者がリアルタイムでコミュニケーションしながら商品を売買するサービス）だと、時間的な同時性は発生するが、販売者と消費者とが距離的に離れたままでもサービスを進めることができるという点において距離的な同時性は克服できる。

異質性では、スキルや体調のバラツキをいかに抑えるかが克服の焦点になる。例えば美容室の場合は、人でなくてもできるような定型的業務や事務作業を削減、機械化することでスキル向上のための時間を確保したり、残業時間を抑えてその分を心身の調整に充てたりすることで異質性の克服につなげられる。

消滅性では、需要と供給の調整が克服のカギとなる。例えば、AIなどを活用して日々の宿泊客の需要予測の精度を上げ、空室状況に応じて価格を変動させることで需要と供給を調整し、消滅性の克服を図っている。

以上のように、テクノロジーを活用すればサービスの4つの特性を克服できる。そこで小売・サービス業の顧客に対して、どの特性を克服すべきかという視点を持ちながらIoTシステムの導入を提案することが重要になるのである。

4.2 小売・サービス業で価値を創出する特有のフレームワークを知る

　本節では、前節で解説したサービスの本質と特徴を踏まえたフレームワークである「サービスプロフィットチェーン」について解説する。

4.2.1　サービスプロフィットチェーンとは何か

　小売・サービス業には、第2章で解説したサプライチェーンとは別に、価値を創出する特有のフレームワークが存在する。それがサービスプロフィットチェーンである。

　サービスプロフィットチェーンとは、ハーバードビジネススクールのヘスケット教授らが提唱したフレームワークである。前節で解説したサービス業の4つの特性の1つである同時性に着目し、企業が成果（売上や利益など）を達成するうえで必要な要因との関連性について、従業員満足、顧客満足との関連性という視点から提示したものである。それは、サービスの同時性を鑑みると、顧客との直接の接点である従業員の満足向上がサービスの品質に大きな影響を与え、サービスの品質向上が顧客満足、企業の売上、利益につながり、それが従業員満足の源泉である内部サービスの向上へ還元されるという循環を示している（**図4-1**）。

　図4-1の各要素は矢印でつながっており、各要素はそれぞれの活動からなるアウトプットで構成され、また、つぎのようにそれぞれが因果関係を持っていることに特徴がある。

- 内部サービス品質が、従業員満足に影響を与える
- 従業員満足が、従業員定着率と労働生産性に影響を与える
- 従業員定着率と労働生産性が、顧客サービス品質に影響を与える
- 顧客サービス品質が、顧客満足に影響を与える

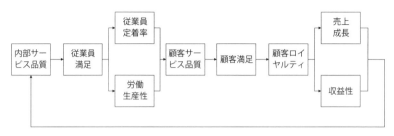

図4-1　サービスプロフィットチェーン

- 顧客満足が、顧客ロイヤルティに影響を与える
- 顧客ロイヤルティが、売上成長、収益性に影響を与える
- 売上成長、収益性が、内部サービス品質に影響を与える

　IoTシステムに限らず、システムを導入するうえで大切なことは、1つの因果関係に働きかけた時、そのあとに続く因果関係にも影響を与え、結果としてサービスプロフィットチェーンの循環に貢献しているか否かを意識することである。

　例えば、顧客サービスの品質を高めるために顧客管理システムを導入し、購買履歴や属性の明確化に取り組んだとしよう。それをサービスプロフィットチェーンに照らし合わせれば、その顧客管理システムを活用することで顧客満足が実現し、それが続いて顧客のロイヤルティに影響を与えていくというように循環していくはずである。ところが、そのようなサービスプロフィットチェーンの因果関係を意識しないで個別要素だけに焦点を合わせてシステム導入をしてしまうケースが往々にしてある。

　そこでサービスプロフィットチェーンを知り、システムを導入する場合は個別の要素だけでなく、その要素がどのような因果関係でほかの要素に効果をもたらすかを意識しながらシステムの提案や構築を心がけてほしい。

4.2.2 IoTシステムの導入でサービスプロフィットチェーンのどこに働きかけるか

それでは、IoTシステムではサービスプロフィットチェーンのどの要素に働きかけることが可能だろうか。現在の状況であれば労働生産性、もしくは顧客サービス品質に働きかけることが可能である（図4-2）。

労働生産性であれば、第2章で述べた小売・サービス業のサプライチェーンのバックエンドでの導入になるだろう（図4-3）。例えば在庫管理であれば、無線タグや電子はかり、温度センサーを活用したIoTシステムを導入することで、従業員の工数削減が図れ、労働生産性も向上することが見込める。また、仕入れ・発注であれば、AIなどを組み込んだ自動発注システムとIoTシステムを組み合わせることで、発注業務にかかる工数が削減できる。

それでは、労働生産性のあとに続く顧客サービス品質への影響はどうだろうか。在庫管理や仕入れ・発注の精度が向上すると、欠品による販売機会のロスの減少が見込める。販売機会のロスを減少させることは、顧客へのサービス品質を向上させることになるので、サービスプロフィットチェーンはつながっていく。

サービスプロフィットチェーンの顧客サービス品質での働きかけについては、サプライチェーンにおけるフロントエンドでの導入に

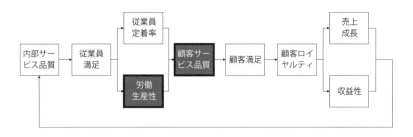

図4-2　サービスプロフィットチェーンの影響

図4-3 サプライチェーンのバックエンド

なるだろう。マーケティングにおける顧客動線解析の結果を販売機会ロスの削減や顧客への快適な売り場づくりに活用できれば、顧客サービス品質の向上につながる。また、レジ前で画像認証して顧客の個別ニーズにアプローチできれば、顧客サービス品質の向上につながる。ただし、それがサービスプロフィットチェーンの顧客満足や顧客ロイヤルティにまでつながっているかどうかは、顧客満足度を測る別のデータの検証やオペレーションの見直しが必要になるかもしれない。サービスプロフィットチェーンのつながりという観点で考えると、IoTシステムの導入だけにとどまらず、別システムの統合という新たな切り口でも提案できるかもしれない。

IoTシステムに限らず、小売・サービス業にシステムを導入する際には、それがサービスプロフィットチェーンのどこに影響を及ぼし、またサービスプロフィットチェーンがつながるためにはどのようなストーリーを描けるのかをぜひ意識してほしい。

4.2.3 ECMサイクルという考え方

サービスプロフィットチェーンは要因レベルのサイクルであるが、それをアクターレベルに置き換えてみれば、従業員、顧客、経営者の3つのサイクルと見なすことができる。つまり、従業員の満足が顧客の満足につながり、顧客の満足が売上、成長、収益という形で経営者の満足につながる。そして、経営者の満足が再び従業員の満足に還元されるという循環サイクルを描くことができる。

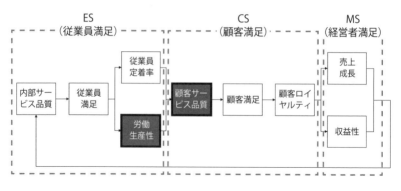

図4-4　ECMサイクル

　筆者はこの従業員、顧客、経営者の3者のアクターにおける満足のサイクルを、「ES（従業員満足）」「CS（顧客満足）」「MS（経営者満足）」の3つの言葉の頭文字から「ECMサイクル」と名づけている（図4-4）。

　システムの導入で大切なことは、誰かの満足に働きかけるシステムにおいて、ほかの2者の満足にも影響を及ぼすシステムでなければ全体最適なシステムにはならないということである。例えば従業員の煩わしい定型業務を自動化するためにRPA（Robotic Process Automation）を導入するとしよう。その場合、それが従業員満足につながるのかだけでなく、従業員満足がさらに顧客満足、経営者満足へとつながるのかも意識して実施する必要がある。

　また、経営者満足に働きかけるシステムにしても、例えば、管理会計システムを導入する場合に経営者の意思決定の効率化に役立っているのか、さらにその意思決定が従業員や顧客の満足につながっているのかを考えたうえで実行することが、特に小売・サービス業の分野では必要不可欠である。

第4章　小売・サービス向けIoTシステムに対するSEのあるべき姿

4.3 IoTシステムの導入ではここに注意

　これまで述べてきた通り、IoTは小売・サービス業にとって多くのメリットと可能性がある。そこで実際に顧客にIoTシステムの導入を提案するうえで、どのような点に注意すればよいかを解説する。

4.3.1　現場の負担を抑える

　IoTシステムに限らず、新しいシステムを導入する際には現場に負担がかかる。現場では長年そのシステムを使用しており、それぞれの従業員が自分なりの使い方を築いていることも多い。そこに新しいシステムを導入するとなると、少なからずも現場の従業員から反発が起こる。特に小売・サービス業では、第1節の「4つの特性」でも述べた通り同時性と消滅性に対して柔軟に対応しなければならないため、システムを習得するためのまとまった時間を確保しづらい環境にある。そのため、それを踏まえて極力操作を簡素化したり、マニュアル化したりするなど現場に負担をかけない工夫や入念なフォローアップが重要になる。

4.3.2　社内管理体制を構築する

　IoTシステムの導入に際して管理体制を整えることが重要である。IoTで何を管理してどのように業務に役立てるのか、社内でコンセンサスを築いておくことが必要である。また、オペレーションがどのように変化するのかを管理者および現場レベルでしっかりと整理、周知する必要もある。新しいシステムを現場で活用する際には、操作や管理が不慣れなことによるトラブルや工数超過が起こりがちである。特に小売・サービス業におけるIoTシステムはまだ普

153

及期にも至っておらず、そのため顧客側も不慣れなことから、IoT
システムに関する問合せやクレームが生じることも想定される。そ
のような事態への対応も含め、責任の所在の明確化やトラブル原因
の解明のために社内管理体制を整えておくことが重要である。

4.3.3　費用対効果を考える

　IoTシステムの導入では、費用対効果に見合うか否かを顧客側と
確認しておくことが必要である。顧客がIoTシステムを導入するか
らには、少なくともシステムに対する期待や導入の目的、実現した
いことがあるはずである。一方、上述のようにIoTシステムはまだ
普及期にも至っていないため、システムベンダー側で実現できるこ
とと顧客側の期待との間に大きなギャップが生じる可能性もある。
そこで事前に顧客が期待していることに応えるためにも、小売・
サービス業のサプライチェーンやKPI、サービスの4つの特性など
業種特有の特徴を踏まえたうえで、顧客とのコミュニケーションを
密に図ることが肝要と言える。

第4章 小売・サービス向けIoTシステムに対するSEのあるべき姿

4.4 IoTシステム活用のストーリーを描く

　最後に、小売・サービス業の顧客にIoTシステムを提案するうえでのストーリーづくりとSEに期待される役割について解説する。

4.4.1 課題解決に向けたストーリーづくり

　小売・サービス業者のIoTシステム導入に関わるSEは、まず小売・サービス業の特徴や経営課題を理解し、そのうえで課題解決にIoTシステムがどのように役立つかという観点から提案を行う必要がある。IoTシステムを構築するためのストーリーづくりは以下のプロセスで進められる。

　　①収集：IoTのデバイスやファームウェアでどのような情報を収集するか

　　②伝達：収集した情報をクラウドなどのシステムにどのように取り込むか

　　③分析：収集した情報をどのように分析するか

　　④判断：小売・サービス業の運営にどのように役立てるか

　「①収集」「②伝達」「③分析」は第3章で解説したアーキテクチャーが該当する。小売・サービス業のシステムを構築するSEは、「④判断」を十分に検討しないまま、収集、伝達、分析のアーキテクチャーの構築を行いがちである。しかし、小売・サービス業は消費者と直接の接点を持つなど製造業と異なる特徴を持ち、かつ業種別もしくは企業ごとに管理する指標が異なっている。そのため、ある小売・サービス分野の企業で活用できたIoTシステムが、同業ではあっても他の企業では活用できない事例は往々にしてある。そこで、小売・サービス業にIoTシステムを導入する際は、その企業や店舗がどのような指標をもとに経営管理を行っているの

155

か、どのような課題を抱えているのかからストーリーづくりを始めると、その企業に適したIoTシステムを構築・導入できるようになる。

4.4.2 インテグレーターとしてのシステムエンジニア

IoTシステムの構築・導入には、多岐にわたるIoTの知識とスキルが必要である。それをIoTシステムのアーキテクチャーで見ると、フィールド層ではセンサーや電気回路、ネットワークの知識が、プラットフォーム層ではクラウドの構築や機械学習、ディープラーニングの知識が、オペレーション層ではセキュリティのスキルが必要になる。このような多岐にわたる知識やスキルを1人のSEで担うのは困難である。製造業ではIoTシステムを自作して活用している企業もあるが、小売・サービス業では個人情報を取り扱うケースがあること、またシステムが顧客の目にさらされるケースも多いことから、現状ではIoTシステムを自作して運用することは得策でないと考えられる。ゆえに今後のIoTの普及を鑑みた時、システムベンダーにかかる期待はますます大きくなり、かつ小売・サービス業の特徴や特性を理解したシステムベンダーが求められるようになってこよう。そうした目の前の将来を見越して、大きな需要を抱える小売・サービス業向けIoTシステムについて、小売・サービス業の経営に関する課題や知識、およびそれに対応するシステムを構築するための技術、スキルについて解説した。

本書で著した小売・サービス業の特徴、サプライチェーン、KPI、IoTシステムのアーキテクチャーなどを読んでいただいたSEや関連する方々には、小売・サービス業の顧客に対して、IoTシステムを提案するにしろ構築するにしろ、全体最適の観点からシステムを導くインテグレーターの役割を担うことを期待したい。そのようなSEが増えれば、労働生産性の低下や人手不足に悩む小売・サービス業の活性化につなげられると信じるからである。

索 引

【英数字】

3G ·· 80
4G ·· 81
Arduino（アルデュイーノ）········ 92
Beacon ·· 79
BigQuery ·····································117
Bluetooth（ブルートゥース）····· 78
BSCマップ ··································· 41
CCD ·· 85
CMOS ··· 85
CNN ··114
ECMサイクル ·····························151
ERP ·· 46
ESP-WROOM-32 ························· 93
GPSセンサー ······························ 76
IaaS（Infrastructure as a Service）97
IoTセキュリティガイドライン ···121
KGI ·· 29
KPI ·· 29
k近傍法 ·······································111
k平均クラスタリング ················112
LPWAN（Low Power Wide Area
　Network）································ 82
MVNO ··· 94
OpenCV ·······································120
PaaS（Platform as a Service）··· 97
Python ···119
Raspberry Pi（ラズベリーパイ）92
RFID ··· 79
RNN ··115
SaaS（Software as a Service）··· 97

scikitlearn ··································119
VPN ···134
Wi-SUN（ワイサン）··················· 79
ZigBee（ジグビー）····················· 78

あ

アーキテクチャー ······················ 70
圧力センサー ························76、88
アノテーション ·························120
アルゴリズム ·····························109
異質性 ··146
異常検知 ·····································112
移動平均 ·····································103
イメージセンサー ······················ 85
インシデント ·····························121
因子分析 ·····································104
インテグレーター ······················156
映り込み範囲 ·····························140
エリアネットワーク ··················· 77
オートキーシステム ··················· 63
オートスケール ·························101
オペレーション層 ······················ 72
音声センサー ······························ 88
温度センサー ························76、86
オンプレミス ······························ 97

か

回帰分析 ·····································106
回転率 ·· 32
画像認識 ······································ 23
画像認識ライブラリ ··················120

加速度センサー ……………………… 76
活動基準原価計算（Activity-Based
　Costing：ABC）……………… 40
稼働率 ……………………………… 35
観測変数 …………………………104
管理会計 …………………………… 40
機械学習 …………………………107
既存顧客数（リピーター）……… 30
機能要件 …………………………… 89
客数 ………………………………… 30
強化学習 …………………………115
教師あり学習 ……………………107
教師なし学習 ……………………112
クラウドシステム ……………70、96
クラスタリング …………………112
クレンジング ……………………108
経営者満足 ………………………152
経営戦略 …………………………… 40
広域ネットワーク ……………… 80
購買率 ……………………………… 33
小売業 ……………………………… 8
顧客サービス品質 ………………148
顧客満足 …………………………148
顧客ロイヤルティ ………………149

さ
サービス業 ………………………… 8
サービスの4特性 ………………145
サービスプロフィットチェーン …148
サーミスタ ………………………… 86
再帰構造（フィードバック構造）115
最近傍法 …………………………111
稼働率 ……………………………… 32
座席数 ……………………………… 32
サプライチェーン ……………… 19
サポートベクタマシン …………110

時間主導型の活動基準原価計算
　（Time Driven Activity-Based
　Costing：TDABC）…………… 40
磁気センサー ……………………… 76
湿度センサー ……………………… 87
資本装備率 ………………………… 15
重回帰分析 ………………………106
従業員定着率 ……………………148
従業員満足 ………………………148
従属変数 …………………………106
主成分分析 ………………………104
出力層 ……………………………113
条件付き確率 ……………………111
情報漏洩 …………………………133
消滅性 ……………………………146
人感センサー ……………………… 84
新規顧客数 ………………………… 30
侵入検知システム ………………134
スペック …………………………100
スマートミラー ………………… 62
生体認証 …………………………… 23
正の相関 …………………………106
セキュリティ …………………… 72
接触式温度センサー ……………… 86
摂食率 ……………………………… 35
線形回帰 …………………………109
センサー …………………………… 70
潜在変数 …………………………106
センシング技術 ………………… 24
相関 ………………………………105

た
第1主成分軸 ……………………104
第2主成分軸 ……………………104
耐タンパー性 ……………………134
畳み込み層 ………………………114
単回帰直線 ………………………106

中間層 ……………………113	ファイアーウォール ……………134
ディープラーニング ……………113	フィールド層 ………………… 70
抵抗式 ………………… 88	プーリング層 …………………114
データウェアハウス ……………117	付加価値 ………………… 11
データ収集 ……………………102	負の相関 ………………………106
データ分析 ……………………102	プライベートクラウド ………… 97
データ保存 ……………………102	プラットフォーム層 ………… 70
デバイス ………………… 75	ブレッドボード ………… 93
デバイスマネジャー ………………100	プロトコル ………………… 77
電子棚札 ………………… 47	プロトコルブリッジ ……………100
電子はかり ………………… 52	フロントエンド ………………… 48
店頭通行人数 ………………… 33	分類モデル ……………………109
統計解析 ………………………103	平均 ……………………………103
同時性 …………………………145	平均客単価 ………………… 30
独自因子 ………………………104	平均購入点数 ………………… 31
独立変数 ………………………106	平均商品単価 ………………… 31
	ベイジアンモデル ………………111
な	ホワイトリスト方式 ………………134
内部サービス品質 ………………148	
なりすまし ……………………132	**ま**
入力層 …………………………113	マルウェア ……………………132
熱画像センサー ………………… 87	無形性 …………………………145
熱電対 ………………… 86	無線タグ ………………… 79
ネットワーク ………………… 70	
	や
は	容量式 ………………… 88
バーチャルフィッティング	予測モデル ……………………109
（仮想試着） ………………… 62	予約数 ………………… 34
バックエンド ………………… 48	
バッファオーバーフロー ………133	**ら**
パブリッククラウド ………… 97	来店客数 ………………… 33
バランススコアカード ………… 40	来店率 ………………… 33
光（赤外線）センサー………… 76	ライブコマース ………………147
非機能要件 ………………… 90	労働生産性 ………………… 9
非接触式温度センサー ………… 86	ロジスティクス回帰 ……………110
非線形回帰 ……………………109	ロジスティック分析 ……………107
ファームウェア ………………… 71	

〔著者略歴〕

安野 元人（やすの　もとひと）

1974年　愛媛県生まれ。

1997年　ファーストリテイリング入社。店長やエリアマネージャーとして衣料小売店舗のマネジメントを経験する。

2008年　大手エレクトロニクメーカー系のサービス会社に入社。新事業を立ち上げたりシステム開発やコールセンター運営でプロジェクトマネージャーを務めたりするなど、サービス開発の最前線で活躍する。

2016年に中小企業診断士の資格を取得する。経営コンサルタントとして飲食や宿泊、リゾート開発などの小売・サービス業向けIT、IoTシステムの導入をサポートする。

2017年　情報処理技術者（プロジェクトマネージャ）の資格を取得。

SEのための小売・サービス向けIoTの知識と技術
ーこの一冊で儲かるシステムを提案できるー

NDC509.6

2019年8月30日　初版1刷発行

定価はカバーに表示してあります。

Ⓒ著　者　安　野　元　人
発行者　井　水　治　博
発行所　日　刊　工　業　新　聞　社

〒103-8548　東京都中央区日本橋小網町14-1
電話　書籍編集部　03-5644-7490
　　　販売・管理部　03-5644-7410
　　　FAX　　　　　03-5644-7400
振替口座　00190-2-186076
URL　http://pub.nikkan.co.jp/
e-mail　info@media.nikkan.co.jp

DTP・印刷・製本　新日本印刷

落丁・乱丁本はお取り替えいたします。　　　2019　Printed in Japan
ISBN 978-4-526-07998-6

本書の無断複写は、著作権法上の例外を除き、禁じられています。